论跨文化因素
对汉英翻译的影响与制约

姜伟星 著

天津出版传媒集团

天津科学技术出版社

图书在版编目（CIP）数据

论跨文化因素对汉英翻译的影响与制约 / 姜伟星著
. -- 天津：天津科学技术出版社，2024.4
ISBN 978-7-5742-1967-0

Ⅰ.①论… Ⅱ.①姜… Ⅲ.①英语－翻译－研究
Ⅳ.①H315.9

中国国家版本馆CIP数据核字(2024)第072894号

论跨文化因素对汉英翻译的影响与制约
LUN KUAWENHUA YINSU DUI HANYING FANYI DE YINGXIANG YU ZHIYUE

责任编辑：刘　鸫
责任印制：兰　毅

出　　版：	天津出版传媒集团 天津科学技术出版社
地　　址：	天津市西康路35号
邮　　编：	300051
电　　话：	（022）23332377
网　　址：	www.tjkjcbs.com.cn
发　　行：	新华书店经销
印　　刷：	河北万卷印刷有限公司

开本 710×1000　1/16　印张 15　字数 220 000
2024年4月第1版第1次印刷
定价：88.00元

前　言

在当今经济全球化蓬勃发展与多元文化并存的时代，跨文化交流成为各国和各民族间的必然趋势。特别是中国，中国在与世界其他国家与地区在政治、经济、文化和外交等各个领域的接触与合作中，正在变得日趋重要。在这种广泛的跨文化交往中，文化输出、引入和交流是十分重要的环节。而对处于这一过程核心的翻译的研究，自然也从对比语言异同和探讨翻译技术方面逐渐转向了更为深入的文化对比和文化翻译领域。

这样的转向并不是偶然的，而是由于语言、翻译与文化之间存在着不可分割的联系。语言，作为文化的最主要和最直观的载体，不仅承载了文化的历史和传统，还在某种程度上指引了文化的走向。这种认知为理解翻译与文化之间的关系提供了窗口。翻译的重要性主要体现在跨文化交流的双重作用上：一是翻译有助于不同文化的交流与融合，这增进了人们对文化差异的了解和尊重；二是文化的复杂性和深度，尤其是其内在的核心价值、信仰和观念，也对翻译活动产生了持续而深入的影响。因此，翻译不只是一种语言活动，更是一种文化现象。这使翻译活动充满了挑战和机遇。

在这样的时代背景下，跨文化因素在翻译研究中的重要性不言而喻，特别是汉英翻译，因为中国与西方各国的文化、经济和政治影响在全球范围内都很显著。因此，了解和研究跨文化因素如何影响和制约汉英翻译，对提高翻译质量、推动文化交流和促进中国与西方各国的友好合作具有重要意义。

本书以文化与翻译的相关理论为指导，以汉语和英语中的语言文化为研究对象，总共分为八章。第一章主要探讨了翻译的基本概念、内涵、发展历程等内容，尝试从宏观角度出发，为读者揭示翻译这一复杂活动的基本面貌，并为后续章节的深入探讨奠定基础。第二章重点研究了文化与翻译之间的关系。文化不仅决定了一个民族的生活方式、思维习惯和价值观，还在很大程度上影响了语言的构造和使用，因此，这一章深入探讨了文化的定义、范畴以及文化适应、传播和塑造翻译活动的方式。第三章和第四章从语言文化和其他跨文化因素两个维度探索了它们各自是如何影响和制约汉英翻译的，通过对汉英两种语言在词汇、句法和语篇等层面的对比分析，揭示了其中的文化差异和翻译中可能遇到的难点。同时，笔者还对精神、物质等其他文化因素如何影响翻译进行了阐述。第五章和第六章具体、生动地分别从理论和实践两个方面对"跨文化因素是如何影响和制约汉英翻译的"这一问题进行了论述，从在汉英翻译中如何应对跨文化问题和采取什么策略，到对文学、电影、广告、旅游等不同领域的翻译实例进行分析，展示了汉英翻译是如何受跨文化因素影响的。第七章和第八章对汉英翻译实践提出了一些展望，强调了在语言、文化、翻译技巧等方面对译者的素质要求，并展望了汉英翻译的未来发展趋势，特别阐释了在信息技术日新月异、影响深远的今天，信息技术对汉英翻译工作的影响和汉英翻译工作的改革方向。

　　本书在阐释和论述的过程中力求语言表达简洁，行文通顺合理。但由于作者能力有限，本书还存在诸多不足之处，有待进一步完善，恳请广大读者批评指正。

目　录

第一章　翻译研究概述　/　001

　　第一节　翻译的定义与内涵　/　001

　　第二节　翻译的发展历程　/　011

　　第三节　翻译的主要流派　/　022

　　第四节　翻译的价值认知　/　031

第二章　文化与翻译的关系　/　038

　　第一节　文化的内涵与外延　/　038

　　第二节　文化适应与翻译　/　050

　　第三节　文化传播与翻译　/　056

　　第四节　文化身份认同与翻译　/　066

第三章　语言文化因素对翻译的影响　/　073

　　第一节　语言与文化的关系　/　073

　　第二节　汉英词汇差异　/　078

　　第三节　汉英句法差异　/　083

　　第四节　汉英语篇差异　/　090

第四章　其他跨文化因素对翻译的影响　/　097

　　第一节　精神文化因素的影响　/　097

　　第二节　物质文化因素的影响　/　104

　　第三节　生态文化因素的影响　/　113

第四节 节日文化因素的影响 / 117

第五章 汉英翻译中的跨文化问题及策略 / 126

第一节 文化背景知识的获取与运用 / 126
第二节 文化特色词的翻译 / 132
第三节 语境的转换与翻译 / 141

第六章 跨文化视角下汉英翻译实例分析 / 142

第一节 汉英文学翻译实例分析 / 142
第二节 汉英电影翻译实例分析 / 147
第三节 汉英广告翻译实例分析 / 155
第四节 汉英旅游翻译实例分析 / 160
第五节 汉英商务翻译实例分析 / 167
第六节 汉英科技翻译实例分析 / 175

第七章 跨文化视角下对译者素质的要求 / 181

第一节 语言素质的要求 / 181
第二节 文化素质的要求 / 187
第三节 职业道德素质的要求 / 196
第四节 跨文化交际能力的要求 / 202

第八章 汉英翻译的前景与挑战 / 210

第一节 当前汉英翻译的主要挑战 / 210
第二节 信息技术对汉英翻译工作的影响 / 217
第三节 汉英翻译的未来发展趋势 / 222
第四节 汉英翻译教学的改革与发展 / 224

参考文献 / 231

第一章　翻译研究概述

第一节　翻译的定义与内涵

一、翻译的定义

（一）中外学者对翻译的定义

英国翻译理论家约翰·卡特福德（John Catford）认为，翻译是一项对语言进行操作的工作，即用一种语言的文本来替代另一种语言的文本的过程。[1]

来自美国的翻译理论家尤金·奈达（Eugene Nida）认为，翻译即翻译意义，要在接受语中寻找和原文信息尽可能接近的自然的对等话语，而且，首先，是意义上的对等，其次，才是风格上的对等。[2]

中国学者王克非认为，翻译是一种文化活动，涉及用一种语言文字表达另一种语言文字的内涵。[3]

另一位学者罗新璋在《翻译论集》上讲：翻译是把一种语言文字换成另

---

[1] 卡特福德. 翻译的语言学理论 [M]. 穆雷，译. 北京：旅游教育出版社，1991：24-32.
[2] NIDAE A, TABER R. The Theory and Practice of Translation[M]. Leiden：Brill Archive，2004：17.
[3] 王克非. 关于翻译本质的认识 [J]. 外语与外语教学，1997(4)：45-48.

一种语言文字，而并不变更所蕴含的意义，或用近年流行的术语说，并不变更所传递的信息，以达到彼此沟通、相互了解的目的。①

学者彭发胜在《翻译和中国现代学术话语体系的形成》一书中对英语和汉语的"翻译"一词进行溯源②，获得了如下发现。

"翻译"的英语对应词是"translation"，来自拉丁文"translatio"，其中的前缀"trans-"有"跨越"的意味。这与中文中"翻译"一词中的"翻"字有相似的寓意，也是表示一种形式的跨越或转换。据现有资料显示，在中国历史上，"翻译"一词最早出现在梁代，僧人慧皎在其作品《高僧传》中使用过，而到了唐代，这个词逐渐开始流行。

《礼记·王制》记载："五方之民，言语不通，嗜欲不同。达其志，通其欲，东方曰寄，南方曰象，西方曰狄鞮，北方曰译。"马祖毅根据孔颖达的注疏，将这段话的后半部分做了如下解释："凡翻译东方民族语言者，称之为'寄'；凡翻译南方民族语言者，称之为'象'；凡翻译西方民族语言者，称之为'狄鞮'；凡翻译北方民族语言者，称之为'译'。"在这四个称谓当中，"译"最终获得了通称的地位。

（二）本书对翻译的定义

翻译是一个多层次、多维度的概念，由于涉及多种因素如视角、目的、领域、历史时期和需求等，因此很难给出一个统一的定义。然而，一般来说，翻译可以从广义和狭义两个角度来理解。

广义上，翻译不仅仅是一种语言到另一种语言的转换。它还包括在单一语言环境中对含义的解读和传播。这意味着，广义的翻译不只是语言文字上的直接转换，还包括评论、词汇的解释和注解等多种形式。进一步地，这个定义还可以扩展到更多的层面，如对复杂学科的解释，甚至对梦境、神谕和其他未知事物的阐释。

狭义上，翻译主要关注两种语言之间的转换以及与这种转换相关的技

---

① 罗新璋.翻译论集[M].北京：商务印书馆，2009：1.
② 彭发胜.翻译与中国现代学术话语体系的形成[M].杭州：浙江大学出版社，2011：3-4.

性问题。这个定义不仅对实际从事翻译工作的人有实用价值，还为翻译学提供了一个更精准的操作框架。根据这个观点，翻译可视为两个主要步骤的组合：一是"词语解构"，也就是分析源语言文本以理解其意义和风格；二是"词语重构"，即将源语言文本转化为目的语言文本，同时考虑内容和风格的等值。这个过程中还有一步是"句法重构"，即根据目的语言的语法规则重新组织文本。此外，这个精细的定义也提到了在语义重构时需要对"交际对等的各个要点"进行优化考虑。这实际上是在提醒译者，翻译不仅仅是文本的字面转换，还需要译者考虑文本在特定社会、文化和心理背景下的交际效果。

二、翻译的分类

依据不同的标准，人们可以将翻译分为不同的类型。接下来笔者就从不同的标准出发来分析翻译的具体类型。

（一）根据原作种类分类

1. 一般语言材料翻译

一般语言材料翻译主要涉及日常用语和各种应用文档的翻译，这种翻译有几个显著的特点。其一，翻译内容非常多样，包括但不限于新闻报道、具有科普性质的文章和日常生活常识。这种多样性反映了日常用语和应用文档在社会和文化层面上的广泛应用。其二，与文学作品或专业文献相比，这类文本的语言更加简单和易于理解。它们通常会避免使用过于复杂或专业的术语，以便更好地服务于广大读者。其三，这些文本的叙述风格往往比科技或学术文章更加活泼，更倾向于非正式文风，甚至可能包含幽默、讽刺或其他各种各样的修辞手法。最后，由于这类文本主要用于普及和日常应用，因此其所使用的语言往往更加现代和与时俱进。这包括对新兴词汇和流行短语的采用。因此它往往可以反映社会和文化的变化。

2. 文学翻译

文学翻译不同于一般语言材料翻译，因为它对翻译效果有特殊的要求。这类翻译通常涉及时间跨度较长的作品，这些作品本身可能具有深厚的历史背景和复杂的文化内涵。因为这种长篇的特性，文学翻译需要译者能够注意保持作品的完整性和连贯性。同时，文学翻译非常讲究译文的忠实性，不仅要求文字上忠实，还要求译者对原作中暗含的文化和情感要素进行精准的传达。这在某种程度上凸显了文学翻译对高级译语技巧的需求，特别是当涉及世界名著的翻译时，文学翻译更是对译者的专业水平提出了较高的要求。此外，文学翻译也追求雅致和艺术性，这不仅体现在词语的选择上，还表现在对整体作品氛围和文学品质的维护上。最后，不可忽视的是文学翻译中译者创造力的重要性。文学作品通常含有多重含义和细腻的情感层次，这就要求译者在翻译过程中展现出更高的创造性和解释能力，以捕捉原作的微妙意蕴和深层含义。这一系列特点共同构成了文学翻译复杂而精致的内涵，使其成为一种在多个维度上都具有高度挑战性的翻译形式。

3. 专业翻译

专业翻译，特别是科技翻译，是一种高度专业化的活动，涉及对大量行业特定术语的翻译。专业翻译的特点体现在以下几个方面。其一，专业翻译需要译者承担重大的责任。一个小小的翻译错误可能会导致严重的后果，例如，在医疗、法律或工程领域中的翻译错误，有时甚至可能引发安全或法律问题。其二，专业翻译的翻译内容往往较为枯燥、晦涩难懂。这些翻译内容往往不像文学或日常语言文本那样引人注目或生动活泼，但它们在专业场合中具有不可替代的价值。尽管这些内容可能缺乏直接的吸引力，但它们的重要性和复杂性却是显而易见的，尤其是在科学研究、产品开发或专业决策等领域。

（二）根据作品种类分类

根据翻译作品的不同类型，翻译可以被分成五大类，每一种都有其特殊的应用场景和内在价值。

1. 全译

全译是最为传统和常见的翻译形式,它注重对原文进行逐词逐句的准确转译。在这种翻译模式下,对原文结构、风格和意义的保留与还原是至关重要的。全译往往应用于需要高度精确性和专业性的场合,比如法律文件、科学研究和学术论文等。这种翻译方式强调的是对原文的忠实度和完整性,因为任何的误译或省略都可能导致解释偏差或信息丢失。

2. 摘译

摘译则是一种更加灵活和应用更为广泛的翻译方式。与全译不同,摘译不是对整个原文进行翻译,而是根据特定需求——可能是出版商的要求、编辑的指导或读者的兴趣——仅对原文中的部分内容进行翻译。这种方法经常出现在报纸、杂志和其他大众传媒中,译者有选择性地进行翻译,可以更精准地抓住目标受众的注意。

3. 参译

参译是一种自由度相对较高的翻译形式。这种翻译方式不仅可以是全译或摘译,还可以是编译。它是一种灵活应用多种翻译方法的综合性翻译形式,用于满足特定的文本需求或目的。参译能在保留原文信息和风格的基础上,添加或删除某些内容,以更好地符合特定的文化特点或语境要求。

4. 编译

编译是一种非常特殊的翻译形式,它涉及对一个或多个原文进行综合的和串联的翻译。这不仅可以让原作的松散内容得以整合,还可以将多个不同来源或主题的文本融合在一起,从而丰富译文的内容和结构。编译经常被应用于跨学科或多主题的研究,能通过综合多方信息,更全面地呈现问题或观点。

5. 写译

写译是一种较为自由和有创造性的翻译形式,它允许译者在转译原文的同时,加入自己的见解和解释。这种翻译方式非常适合文学、艺术和其他需要大量个人解释和创造力的领域。写译不仅仅是翻译,更像是一种跨文化、跨语言的创作活动,旨在通过译者的个人视角和文化背景,为原文赋予新的含义和价值。

(三)根据工作主体分类

从工作主体角度划分,翻译工作可以为两大类:人工翻译和机器翻译。

1. 人工翻译

人工翻译是一种传统的翻译形式,它以译者为翻译的主体,可以是一个人进行,也可以是一个团队合作完成。人工翻译在历史长河中一直占据主导地位,译者凭借自身的专业知识、文化背景和创造力,能够高度准确和灵活地进行文本转译。更重要的是,人工翻译能够深入理解原文的含义、语境和文化差异,从而更准确地进行翻译。人工翻译也有助于解决一些机器翻译难以处理的复杂问题,如双关语、俚语和某种文化中特定的表达方式。

2. 机器翻译

机器翻译则是20世纪70年代后逐渐兴起的一种翻译形式,它通过计算机和算法进行文本转译。从最初的简单替换法发展到现在的深度学习和神经网络模型,机器翻译的技术已经取得了明显的进步。这种翻译方式的主要优点是速度快、不需要休息并且能处理大量的数据。然而,机器翻译也存在诸多局限。例如,它往往缺乏对文化和语境的深入理解,也难以处理复杂的语义和句法结构。因此,尽管机器翻译在速度和效率上具有明显优势,但为了确保翻译的准确性和质量,通常还需要人工翻译进行核对、润色和定稿。

三、翻译的标准

翻译标准作为衡量译文质量的准则,其形成和应用是一个动态的、多元化的过程,受各种内外部因素的影响。在不同的社会环境中,由于文化背景、价值观和社会需求的差异,翻译标准可能会有所不同。例如,在一个重视文学艺术性的社会里,译文的文学价值可能会被特别强调;而在科技或商业环境中，人们则可能更注重译文的准确性和信息传递的效率。

时代背景也是影响翻译标准的重要因素。随着社会的进步和科技的发展，人们对信息传播的需求也在不断变化，这自然会反映在翻译的标准上。例如，在互联网高度发达的今天，翻译的速度和实时性可能会更重视。除了社会环境和时代背景，翻译目的也是一个关键的因素。不同类型的翻译，如文学翻译、科技翻译或商业翻译，因目的和应用场景的不同，对译文的要求也会有所不同。一份为学术研究而做的翻译可能更注重专业性和深度，而一份用于广告推广的翻译则可能更看重吸引力和市场接受度。因此，翻译标准不是一成不变的或单一的，而是一个受多种因素综合影响而呈现出多元化趋势的复杂体系。这些因素相互作用，共同构成了一个既具有普遍性又具有特殊性的翻译评价标准，这反映了翻译这一活动在不断变化和发展中的多样性和复杂性。

四、翻译的过程

翻译作为一种语言和文化的媒介活动，其实质不仅是文本间的转换，还是一种综合性的认知和表达活动。翻译过程不仅仅局限于原文与译文之间字面含义的传递，更涉及深入的语境解读、文化透视和意图捕捉。这一过程比简单的语言替换要复杂得多，它涉及心理层面的深度解析和创造性构建。翻译过程可被视为由四个密切相关的阶段组成，即准备阶段、理解阶段、表达阶段和校核阶段，如图 1-1 所示。

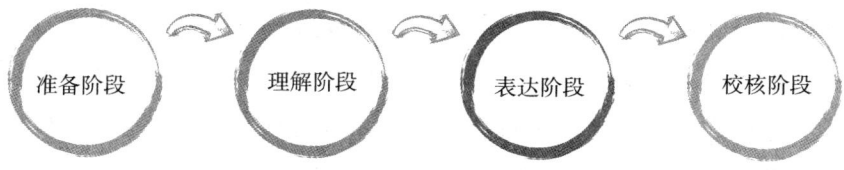

图 1-1　翻译的四个阶段

（一）准备阶段

1. 了解作者

在翻译的准备阶段，对原作者进行全面了解显得尤为关键。译者不仅应研究作者的个人生平，还需要深入他或她所处的时代背景和社会环境中。理解这些元素能够为译者提供一个更全面和多维度的视角，从而使其更准确地捕捉原作中可能存在的微妙意蕴或特定的文化标记。多元的信息获取途径，如在线百科、传记或学术研究，都能为译者提供必要的前置信息。同样重要的是对原作者创作风格和手法的系统分析。这通常需要译者去阅读原作者的其他作品，特别是那些被视为经典或有代表性的著作。通过这种方式，译者不仅可以对原作者的语言习惯和思想取向有更深入的理解，还可能会发现一些与将要翻译的作品相似的模式或主题。这种深度的文本分析可以为后续翻译工作提供宝贵的文本内外部的"上下文"。

当然，了解作者的语言风格对于完成一份贴近原意的翻译工作来说也至关重要。在这一阶段，译者可能需要对某些具有代表性的文本段落进行更仔细地解读，从中识别出作者在修辞结构、句法选择或者单词用法上的特殊喜好。这样不仅能帮助译者在翻译过程中更准确地再现原文的风格和语气，还能预防因忽视这些微妙但重要的元素而导致的差错的出现。

2. 了解原作

在翻译的准备阶段，对原作的全局性和局部性因素进行深入研究是非常有必要的。例如，熟悉原作的出版背景，包括发布的时间和地点，可以为译者提供重要的文本解读线索。这种信息有助于译者了解原作是在什么样的社会和文化背景下产生的，从而使译者更准确地捕捉到作者的意图和文本的多层次含义。这也有助于避免由于不了解特定历史或社会背景而造成的误解或误译。

另外，对文字符号的精细观察也是不可或缺的。这涉及颜色、声音、动作和其他视觉或听觉元素，因为这些都可能在文化或语境中有特殊的意义。例如，某种颜色在一个文化里可能代表喜悦，而在另一个文化里则可能代表哀伤。因此，译者需要对这些符号进行研究，以确保翻译能够准确地传达这些细微但重要的意义。

3. 准备参考资料

翻译过程中，译者应查阅各种参考资料和辞典，特别是当原文涉及特定学科或领域时。可参考的资料包括但不限于学术论文、专业书籍或在线资源。这样做的目的是对某些专业术语或概念有更全面的理解。这一步骤不仅有助于提高译文的准确性，还有助于让译者在翻译过程中更加自信，更好地捕捉到原文的精髓。

（二）理解阶段

在翻译过程中，理解阶段的工作至关重要。这不仅是因为理解确保了译者能够准确地把握原文的意义，还因为这一阶段给译者提供了一个机会，通过对英汉两种语言的词汇、语法和修辞的运用，来深刻体验原文的内容和风格。理解不仅涉及对单个单词或句子的解读，还需要译者根据上下文——可以是一个段落，一章，甚至整个文本或书籍——来理解原作。这样的上下文分析有助于译者选择更合适的翻译方法。

但是，这一阶段远非简单的阅读。它实际上是一个涉及分析、思考和推理的复杂心智活动。除了要对语言有出色的掌握，译者还需要具备强大的分析和推理能力。这些能力不仅有助于译者对原文的信息进行直接解析，还能够使译者挖掘出隐藏在表面之下的深层含义。这在处理那些含有寓意或侧面反映某种意图的文本时格外重要。

此外，理解还意味着译者要深入原文的每一个细节，包括语言现象（如词汇含义、句法结构和习惯用语）和逻辑关系，以及对原文涉及的具体事物或情境的分析。这种深度的理解有助于确保翻译在形式上和内容上都是科学和合理的。因此，可以说，理解是翻译过程中不可或缺的一环，它为后续的表达和校对阶段打下了坚实的基础。

（三）表达阶段

翻译的表达阶段与理解阶段有密切的联系，二者之间实际上是一种持续的相互影响的动态关系。当译者深入地理解了原文后，接下来的挑战便是如何有效地用另一种语言来传达这些理解。这一过程并非简单地从一种语言到另一种语言的字面转换，而是涉及多层次的文本解读和再创造的。理解虽然是基础，但它不能保证表达一定会成功，因为表达阶段具有其独特的复杂性，需要独特的技巧。

这个阶段中，译者需要将关注点从原文的内容扩展到如何用目的语言进行精确和自然的表达上面。这涉及选择适当的词汇、语法结构和修辞手法，以达到与原文相近的效果。译者也需要思考是否应该保留原文的某些特定形式或风格，以及如何做到既忠实于原文又符合目的语言的文化和语境。这种权衡需要译者具有高度的文化敏感性和语言修养。

在表达阶段，一个特别需要注意的问题是如何避免被原文所束缚，特别是对初学者来说。读过原文后，译者有时会感觉自己的思维和表达方式受到了限制，以致翻译出的文本有明显的源语言痕迹。解决这个问题的策略可以是"深入理解，然后自由表达"。也就是说，在对原文进行深入的、细致的解读后，译者需要有意识地从源语言的结构和表达方式中"解脱出来"，运用目的语言的用语规范和表达习惯来重新构建文本。这一过程实际上是一种创造性的活动，需要译者既具有扎实的语言基础，也具有丰富的文化和社会知识。只有这样，翻译的产品才能既忠实于原文，又能将信息流畅地传达给目标读者。

（四）校核阶段

质量控制在翻译过程中极为重要，尤其是在完成初稿后的校核阶段。校核阶段可被视为翻译过程中的"质量保证环节"，它不仅考验译者对原文的准确理解，还要求其对目的语言表达习惯和文化差异有深入的了解。在这一阶段，译者需要仔细地对比原文和译文，确保译文在保持忠实于原文意义的同时，符合目的语言和相关文化的可接受性标准。

翻译人员的专业态度和道德责任感在校核阶段尤为重要。他们不仅要检查译文是否完全和准确地传达了原文的意义，还需要关注其在目标文化中的接受度。这涉及对词汇、语法结构、修辞手法等多个方面的细致考虑。更进一步说，校核阶段也是一个信息核实的过程，译者需要确保所有的事实性信息，如人名、地名、日期等，都准确无误。

翻译校核工作的常规做法是至少进行两轮仔细的校核。在第一遍校核时，译者需与原文相互对照，集中精力寻找可能的漏译或误译，确保时间标记、数据、度量单位、个人和地理名称，以及专业术语等关键信息的精确性。这一步骤非常关键，因为它是使译文忠实于原文的基础性工作。紧接着，在第二遍校核时，译者需要从目的语言的视角对译文进行独立审查。这一阶段的目的是确保译文既精确，读起来又自然、流畅。这时，大声朗读译文可以是一种非常有用的技巧，因为它能帮助译者更直观地感受到文本的流畅度和自然性，同时有助于译者发现用词是否恰当，是否符合目的语的表达习惯。

特别需要译者注意的是，任何在审校过程中遇到的语意模糊或逻辑不连贯的句子都需要被标记和重新考量。这类问题通常是原文的复杂性或译者对原文的不完全理解所导致的。在这种情况下，返回原文并在上下文的帮助下重新审视它是至关重要的，只有这样，才能确保最终译文的质量，使其不仅忠实于原文，还符合目的语和文化环境的要求。

第二节　翻译的发展历程

一、翻译在中国的发展历程

（一）翻译的起源

翻译活动在中国有着悠久的历史，可以追溯到古代文明的最早时期。据有关资料记载，早在夏代，黄河流域的先民已经开始与位于外贝加尔湖地区的民族接触交流。这一阶段的翻译主要为口译,虽然简单,但满足了当时各部落和民族之间的基础交流需求。它起初是一种应急的解决方案,用于跨越不同群体之间的语言障碍。

随着历史的推移,到了周代,翻译活动不仅得到了进一步的发展,还获得了官方的认可。例如,《礼记》记载了古越南越裳国的使者通过"象胥"——南方的专职翻译官,与周朝进行交流之事。这一事件被视为有记录以来最早的口译活动,凸显了翻译在当时经济和文化交流中的重要地位。不仅如此,《周礼》和《礼记》两部经典文献还详细地记录了周王朝给翻译官的专门职称,这无疑反映出翻译工作在那个时代已经趋于专业化,并受到了当权者的高度重视这一事实。这也意味着口译已经从一种简单的、即兴的交流方式发展成为一种被系统地组织和管理的活动。此外,《礼记》中对"五方之民,言语不通,嗜欲不同"的描述进一步强调了翻译工作的复杂性和重要性。这说明即使在古代,翻译就已经是一个极具挑战性的任务,涉及多方面的因素,包括但不限于语言、文化、政治和经济。

(二)翻译的进一步发展

1. 战国时期

据相关文字记载,中国古代的翻译活动层出不穷,尤其在战国和西汉时期,笔译活动更是发展到了一个重要的节点。这一阶段的典型案例是西汉时期的刘向在《说苑·善说》中记录的《越人歌》,这也是中国历史上保存下来的第一首译诗。此诗讲述了楚国鄂君子皙在夜游时,被一名越女驾船相载并听他唱了一首歌。由于语言不通,子皙需要依靠翻译来理解歌词的含义。通过翻译,这首《越人歌》得以保存,并影响了楚国的文学作品,如《楚辞》。这样的例子进一步证明,翻译不仅是一种语言转换的技术性任务,还涉及文化和艺术的传承和推广。

2. 东汉至北宋

佛经翻译在中国历史和文化中占有极为特殊的地位,影响深远。从东汉到西晋这一阶段，翻译家，如安世高和支谦等，不仅引进了大量的佛教经文，还在翻译理论方面做出了不小的贡献。例如，支谦在《法句经·序》中就探讨了"文"和"质"之间的关系，为后来的翻译工作提供了理论依据。这一阶段可以视作中国接纳和吸收外来宗教文化的开端，对于后来佛教在中国的流传和发展有着至关重要的作用。

进入东晋至隋代，佛经翻译事业发展到了一个新的高峰。这一时期涌现了许多著名的翻译家和评论家，如鸠摩罗什、彦琮、道安等，他们不仅大量地翻译了经文，还对翻译方法和理论进行了深入的探讨。道安的"五失本，三不易"和彦琮的"十条八备"等翻译观点，都对后来的翻译工作有着深远的影响。而到了唐代，即成熟期，佛经翻译几乎成了一种"国技"，主要的译者多为精通梵汉两种语言的中国僧人，如玄奘、不空、义净等。特别是玄奘，他的翻译工作量和影响力都是空前的，他提出了"既须求真，又须求俗"的翻译观点，强调直译和意译相结合的重要性。然而，从唐朝末期开始，佛经翻译就逐渐走向了衰落，直至北宋时，这一传统趋于消失，这标志着中国历史上第一个翻译高潮的结束。

3. 明朝时期

西学译介对中国翻译事业和整个社会文化的发展都有里程碑式的意义。在这个特殊的历史阶段，传教士，如利玛窦、白晋和汤若望等人，纷纷来华，他们不仅致力于传播基督教，还将西方科学和文化带入了中国。与此前的以宗教文本为主的翻译工作不同，这一时期的翻译更加多样，涵盖了哲学、伦理学以及自然科学等多个学科。特别值得一提的是，在自然科学方面，天文学、数学、机械工程和生物医学等领域的知识被大量引入，为中国科技发展的崭新局面奠定了基础。利玛窦还将"四书"翻译成拉丁文，介绍到欧洲，促进了中西方思想文化的交流。

在这一重要历史背景下，徐光启和李之藻的贡献尤为突出。徐光启被誉为中国的"科学译祖"，他不仅是首个运用中文解读西方数学概念的学者，还翻译了大量的科学著作，并积极推动科学知识在国内的普及。他提倡"取人之长、补己之短"的科学精神，对推动中国科学的发展起到了不可或缺的作用。与此同时，李之藻也在科学和哲学的翻译工作上取得了令人瞩目的成绩。他与当时的传教士，特别是利玛窦有大量的学术交流，合作翻译了大量关于天文历算的著作，并在1613年提出开设馆局专门翻译西方科学文献，还编纂了包括20种西方著作在内的《天学初函》。这些工作不仅对当时，还对由明至清时代的中国科技发展产生了深远的影响。

总体而言，西学译介时期的翻译活动拓展了翻译的领域和深度，促进了西方和中国在多个方面的文化和科技交流。徐光启和李之藻等人的贡献，为后来中国科学技术和文化的现代化发展打下了坚实的基础。这一时期可以视为中国科技翻译高潮的起始，也是中西文化交流史上一个不可忽视的章节。

（三）翻译的近现代发展

1. 洋务运动时期

洋务运动时期是中国翻译历史上一个承前启后的重要阶段。在这一时期，中国经历了第二次鸦片战争的失败，这促使清政府和一些开明的官员重新审视与外国的交流和学习。为了适应这一转变，恭亲王奕䜣建议成立总理各国事务的总理衙门，并下设译署，专门负责外交和翻译工作。洋务派也纷纷创办新式学堂，如京师同文馆和江南制造局附设机械学校，意在培养精通外语和科学的新一代人才。这些举措不仅为当时的翻译工作注入了新的活力，还为新式教育的崛起和人才培养打下了坚实的基础。翻译活动在这一时期获得了前所未有的重视，特别是在科技、教育和社会改革等方面。

除了教育的重大转变，洋务运动时代的翻译活动也推动了西方科学知识在中国的普及。清政府相继建立了，如俄文馆、英文馆、德文馆和法文馆等专门的翻译机构。这些机构翻译了涵盖数学、物理、化学、地理学等多个领域的大量西方科学著作，总量达到了468种。此外，这一时期翻译活动中还出现了一种新的合作模式，即由外国专家和中国学者共同完成的"西译中述"方式。这种模式不仅保证了翻译的准确性，还使译文更符合中国读者的接受习惯。著名的科技翻译家，如李善兰、华蘅芳、徐寿等人，都活跃在这个时期，他们的翻译作品对中国后来科技的崛起产生了不可忽视的推动作用。

2. 戊戌变法时期

戊戌变法时期的中国社会正面临着巨大的政治和文化危机，特别是在甲午战争失利和《马关条约》签署后。在这种背景下，维新派人士，如康有为和梁启超，走上了历史舞台，他们强调变法和翻译活动的重要性。不同于之前主要关注对西方科技著作的翻译，这一阶段的翻译活动更多是对西方和日本的政治思想与文学作品的译介。达尔文的进化论思想和卢梭的民权思想等被翻译到国内并广泛传播，深刻地影响了中国传统的儒家思想体系，使其逐渐让位于更开放和进步的观点。这一转变不仅改变了人们的思想，还对文学领域产生了深远的影响。

在文学翻译方面，这一时代的变革尤为显著。文学作品，尤其是小说，开始被视为具有重要社会功能的文艺创作。林纾等翻译家用口述笔记的方式将大量西方文学作品引入中国，其中包括《巴黎茶花女遗事》《黑奴吁天录》《块肉余生述》和《王子复仇记》等。这些作品以通俗易懂的白话文形式出现，不仅拓宽了中国读者的文学视野，还推动了白话文的普及和发展。此外，与早期主要依赖外国人参与的翻译不同，这一阶段更多是由中国人自主完成翻译工作。翻译的形式也更加多样，包括合译、独译、节译和编译等。这标志着中国翻译事业的独立和成熟，为后来的文化和思想发展注入了新的活力。

3. 五四运动时期

在五四运动时期，中国的翻译事业进入了一个前所未有的活跃和多元化的阶段。与戊戌变法时期相比，这一时期的翻译家更加注重引入具有深刻社会和政治影响的文学和思想作品。代表人物如鲁迅、瞿秋白和郭沫若等，他们不仅翻译了大量西方优秀文学作品，还全面地推动了中国新文化运动的发展。特别是鲁迅，他凭借深厚的学识和精湛的翻译技艺，成功地将《毁灭》和《死魂灵》等经典作品引入了中国，为中国文学的现代转型注入了强大的活力。这些翻译作品不仅丰富了中国的文学传统，还是五四新文化运动精神的重要体现。

与此同时，这一时期还有一批专注于翻译马克思主义经典著作的学者，如李大钊、李汉俊、李达和李立三等。他们的翻译工作对中国社会主义和新民主主义革命的发展产生了巨大的影响,特别是陈望道翻译的《共产党宣言》和郭大力翻译的《资本论》,为中国的政治革命提供了重要的思想武器。在翻译方法论上,这一时代的翻译家也有了突破性的进展。他们摒弃了过于依赖字面翻译的传统方式,转而更加注重在文本翻译中实现语言、文化和思想的多维度准确传达。其中,"信达雅"成为被广泛接受的翻译准则,让更多译者在保证忠实于原著的同时,适应中国读者的阅读和审美习惯。

4. 中华人民共和国成立后

随着1949年中华人民共和国的建立,翻译工作在党的领导下获得了新的生机与活力。在这一阶段,翻译不仅成为社会主义新文化的重要组成部分,还经历了迅猛的发展。一系列著名的文学家和翻译家,如胡适、林语堂、茅盾和郭沫若等,纷纷涌现,他们在翻译实践和理论方面均有卓越贡献。此外,翻译理论也受到了前所未有的重视。例如,瞿秋白论证翻译能够同时达到忠实和通顺的标准,林语堂提出忠实、通顺和美的翻译准则,而傅雷则主张应更注重形似而非神似。这些观点不仅丰富了翻译理论,还为翻译实践提供了有力的指导。

改革开放以后,中国的翻译事业进入了又一轮繁荣周期。与此同时,由于中国与外界在政治、经济和文化等多个方面的交流越来越频繁,翻译工作的规模和影响也得到了相应扩大。在这一阶段,新一代的翻译大家,如杨宪益、季羡林、王佐良和许渊冲等人出现,他们不仅有出色的翻译技巧,还在学术深度和艺术性方面达到了很高的水平。尽管如此,当下的翻译事业还面临着一些挑战,特别是在文化输出方面。现阶段,翻译作品主要以从外语翻译成中文为主,反过来的情况则相对较少。这种翻译逆差现象对中国文化的全球传播以及中国国际话语权的形成是不利的,需要引起各方面,尤其是政府和学界的高度重视。

二、翻译在西方的发展历程

（一）巴别塔传说

巴别塔传说是一则广为人知的神话故事，出自《圣经·旧约》的《创世纪》。这个故事在多种文化和宗教传统中都有出现，因此具有一种普遍性。在这个故事里，人类最初有共同的语言和口音。他们决定联手做一件事，就是建造一座高塔，直通天堂。这座塔象征着人类的力量和智慧。然而，人类并没有受到上帝的赞许。传说中上帝得知人们建造塔的想法之后，认为这是一种对神圣权威的挑战。

由于人们都使用相同的语言，因此他们之间的合作变得异常高效，几乎没有什么是他们办不到的。上帝担心，如果让人们继续这样下去，他们将变得过于强大，甚至可能挑战神的地位。为了打破这种局面，上帝决定让人类的语言变得混乱，以使其无法继续有效地沟通和合作。最后，由于语言的障碍，这个雄心勃勃的建塔计划失败了，人们被迫分散到世界各地，形成了不同的族群和文化。

巴别塔故事被视为解释世界多样性的一种方式，包括不同的语言、文化和民族等方面。同时，这个故事也被用来解释西方世界翻译活动的起源。由于上帝打乱了人们的语言，带来了文化和语言的多样性，因此翻译成了一种必需的活动，用以促进不同文化和语言群体之间的沟通和理解。这个故事不仅反映了翻译的历史性需求，还揭示了其在人类社会和文明发展中的基础性作用。因为语言的多样性，翻译变成了人们必需的工具，用于连接不同的文明和促进相互理解。

然而，从历史记录来看，西方翻译活动最早可以追溯到公元前250年，当时罗马译者李维乌斯·安德罗尼库斯（Livius Andronicus）将荷马史诗《奥德赛》从希腊语翻译成拉丁语。这一事件不仅体现了罗马对希腊文化的尊重和借鉴，还揭示了翻译在文化传播中的关键作用。尽管罗马在军事上征服了希腊，但他们非常重视希腊的文学和哲学成就，并通过翻译将这些知识纳入自己的文化体系中。这个过程中的翻译活动可以说是让希腊文化得以在罗马和更广泛的欧洲文化中传播和承袭的关键环节。

（二）五个主要时期

1. 古希腊文学翻译时期

在西方文明的历史长河中，翻译活动对文明的传承、发展至关重要，尤其是在古希腊文学被传入罗马的那一阶段。虽然希腊文明在公元前4世纪末开始衰落，但其文化、哲学和学术成就一直有着巨大影响。罗马，作为一个新兴的文明，当然也不例外。罗马文明虽在政治和军事上逐渐崭露头角，但文化方面却深受希腊影响。这不仅体现在建筑、艺术和哲学等方面，还明显表现在文学创作上。

对罗马而言，将希腊文学翻译成拉丁语的行为具有多重意义。通过翻译，罗马不仅得以吸收和传播希腊的学术和文化精粹，还能加强其自身文化底蕴的深度和广度。公元前250年左右，安德罗尼库斯翻译《奥德赛》，标志着这一转变的开始。他和其他古罗马学者，如格涅乌斯·奈维乌斯（Gnaeus Naevius）和克温图斯·恩尼乌斯（Quintus Ennius）等，通过翻译希腊文学作品到拉丁语，极大地推动了罗马文学和文化的发展，他们被认为是罗马文学的奠基人。值得注意的是，这一时期并不只有安德罗尼库斯等人在进行翻译工作，提图斯·普劳图斯（Titus Plautus）、普布利乌斯·泰伦斯（Publius Terentius）等人也做出了突出贡献，加强了罗马与希腊文学和文化的联系。

然而，也有学者提出，最早的西方翻译作品可能是《七十二子希腊文本》。这是一部由犹太学者应埃及国王托勒密二世邀请，将希伯来语的《圣经·旧约》翻译成希腊语的作品，翻译时间大约在公元前285年至公元前249年。不论是哪一部译作为西方译作之始，都可以让人们清楚地看到一个事实：翻译活动在西方文明形成和发展的早期阶段起到了不可或缺的作用。翻译让不同文明、文化和知识得以传播和交流，丰富了西方文明文化底蕴的内涵。

2. 古《圣经》翻译时期

在西方翻译历史中，与《圣经》相关的翻译活动占据了重要地位。这部基督教经典著作不仅在宗教层面有深远影响，还是世界文学遗产的重要组成部分。早在公元前 2 世纪，人们就开始尝试将希伯来语的《旧约》翻译成希腊语。与此同时，古叙利亚语、科普特语、埃塞俄比亚语和哥特语等也《新约》翻译的目的语言。这些翻译作不仅使非希伯来语区域的信徒能够接触到基督教的教义，还为后来更广泛的文化和宗教传播奠定了基础。

进入罗马帝国后期和中世纪初，翻译活动的重心逐渐转向拉丁语。这主要是因为拉丁语在当时的罗马帝国以及早期中世纪的欧洲具有普遍性和权威性。在这一时期，即公元 3 至 4 世纪，圣哲罗姆（Saint Jerome）等人受到罗马教皇的委托，根据希伯来原文和希腊文本，翻译了被称为《通俗拉丁文本圣经》的作品。这一版本不仅为拉丁语区的信徒提供了一本标准的《圣经》译本，还被罗马天主教长期认可为唯一官方版本。这是《圣经》翻译工作一个里程碑。到了公元 6 世纪，随着基督教势力的不断扩大，《圣经》的翻译工作进一步发展。在拉丁语版本的基础上，又有更多的《圣经》译本被转译成其他各种语言，从而进一步促进了基督教在全球范围内的传播。通过这一系列持续不断的翻译活动，基督教的教义和文化得以更广泛地传播，这也推动了各地区语言和文化的交流与发展。

3. 古希腊典籍传播翻译时期

在 9 至 10 世纪，叙利亚学者将希腊文化典籍翻译成古叙利亚语，并将这些译作带回了巴格达。在这里，阿拉伯学者接棒，进一步将这些古希腊典籍翻译成阿拉伯语。巴格达因此变成了一个研究古希腊文化的知识中心，其"翻译院"赫赫有名。这一系列活动实际上构成了一种文化的中继传播：从古希腊到古叙利亚，再到阿拉伯文化。这不仅反映了文化交流的复杂性，还体现了翻译在文化传承和交流中的关键作用。巴格达成了一个知识和文化的熔炉，不仅为阿拉伯世界的知识积累做出了贡献，还为后来西方文明的兴起铺下了道路。

进入 11 和 12 世纪，欧洲开始出现城市和市民社会，这一社会现象的发生伴随着一系列社会和文化的变革。在这一背景下，大量的西方翻译家聚集在西班牙的托莱多，并使那里变成了一个文学和学术的中心。他们将大量阿拉伯文的古希腊典籍重新翻译成拉丁文。这一时期的翻译活动为随后的文艺复兴做了准备工作，对欧洲文学和文化的发展有着深远的影响。由阿拉伯学者保存和传承的古希腊知识，经由托莱多学者之手重新进入了西方知识体系。这个过程不仅加强了西方与东方的文化联系，还为西方科学、哲学和艺术的复兴提供了丰富的营养。

4. 文艺复兴翻译时期

文艺复兴时代不仅发生了艺术和科学的复兴，还是翻译活动兴盛起来的一个阶段。在这一历史节点上，翻译成了资产阶级与封建势力之间进行社会斗争和文化变革的一部分。尤其值得注意的是，这个时代有两类翻译活动：一是宗教改革中的翻译行为，二是人文主义和古典学复兴中的翻译行为。例如，马丁·路德（Martin Luther）将圣经翻译成德语，这不仅让宗教文本脱离了拉丁文的神秘感，还让更多的普通人直接接触到这些文本。相似地，在英国，1611年出版的《钦定圣经译本》也是英国翻译史和宗教改革的一个里程碑。二者都反映了翻译如何成为一种民主化和去中心化的工具，并被用以挑战封建和教会权威。

与此同时，文艺复兴也是古典文学和哲学的复兴。在这一背景下，杰克·阿米奥（Jack Amio）翻译的《希腊、罗马名人传》、托马斯·诺斯（Thomas North）翻译的《名人传》和乔治·查普曼（George Chapman）翻译的《伊利亚特》《奥德赛》等，都成了文艺复兴的文化象征。这些翻译作品不仅加强了古典与当代文化之间的连接，还推动了各民族语言的发展和繁荣。这一时期的翻译家常常会面临严重的社会和政治风险。例如，法国的艾蒂安·多莱（Etienne Dolet），由于他的翻译和观点而遭受封建权力的迫害，最终被执行死刑，但他的牺牲也成了反封建斗争和追求文化自由的象征。

进入17世纪下半叶至20世纪上半叶，西方翻译活动并没有停止，反而呈现出更多样化的趋势。除了继续关注古典作品，翻译家们也开始涉足近现代文学和哲学作品。这意味着，翻译不再仅仅是复兴古典文化的工具，它还成了一种文化和思想交流的工具，有力地推动了全球化和多元文化的发展。这些后续的翻译活动也反映了翻译实践在随着社会历史变迁而不断发展和变化的动态性。

5. 现代翻译时期

20世纪中叶以后，西方社会进入了一个相对稳定和繁荣的时代，尤其是在两次世界大战后。这种稳定和繁荣不仅体现在政治和经济领域，还深刻影响了文化、科技和教育，推动了翻译事业的多方面发展。在这个时代，翻译不仅仅被视为一种技能或服务，更成了一个独立的学科。高度专业化和系统化的翻译教育吸引了大量的专才进入这个行业。不仅如此，其他学科，如社会学、人类学和心理学等，也被用来拓展和深化翻译理论。这样的跨学科合作不仅丰富了翻译学的研究内容，还提高了其学术地位。

技术的飞速进步更是为翻译事业的发展注入了新的活力。信息时代的来临意味着翻译的需求和应用场合变得更为多样和广泛。除了传统的文学和科学文献翻译，商业、金融、法律、旅游和艺术等多个领域都有大量的翻译需求。语种的多样性也得到了前所未有的拓展。例如，除了英语和法语这些主流翻译语种，德语和俄语等也逐渐成为翻译的热门目的语种。根据联合国教科文组织的统计数据，从1948年到1970年，全球译文的数量增加了四倍半，这一增长在德语和俄语中尤为显著。

现代西方社会中翻译的发展可以被看作对社会进步和全球化趋势的自然反映。作为一个学科，翻译学吸纳了多种学科的研究成果，不断更新其理论体系和应用范围。作为一种实践，翻译活动也逐渐从一种"边缘"活动变为了一个全方位、多层次的社会活动。这不仅体现在翻译需求的多样化和专业化方面，还体现在翻译活动对文化、经济和科技交流的促进作用上。这样的多维度发展使翻译成为现代社会的一个不可忽视的重要组成部分。

第三节　翻译的主要流派

近现代的翻译活动已经不再局限于传统的文学和学术界，而是逐渐成为各种社会和经济活动中不可或缺的一部分。这种全面的扩张使翻译学赢得了越来越多学科和领域的学者的关注。与此同时，各种具有代表性的翻译学派和理论观点也应运而生，这些观点不仅丰富了翻译理论的内涵，还在不同的时空和领域内影响了翻译实践和研究方向。因此，翻译学以其多元性和活跃性，不断地产生出新的理论和应用，表现出了强大的发展潜力和影响力。这也意味着翻译不仅是语言活动，还是一种跨文化、跨学科、跨领域的综合性活动，反映了其作为一个成熟学科的多维度和深度。本节将梳理和介绍一些国内外比较有影响力的翻译学派。

一、国内翻译学派

（一）清朝晚期流派

清朝末期的翻译活动呈现出多样性和深度性，其中两个主要的翻译流派——意译派和直译派，是该时期中国翻译事业发展的关键动力。意译派以林纾为代表，他虽然不精通外语，但通过中介翻译和对古文的运用，依然成功地将西方文学传播到了中国。林纾倾向于捕捉和传达原文的核心意义，而不是遵循原文的形式和结构。这种方法虽然可能会忽视原文的一些细节，但它成功地让更多的中国读者理解和接受了西方的思想和文化。同样，严复也是意译派的一位重要代表，他同样主张通过古文来传达原文的意义。

与意译派形成鲜明对比的是直译派，该派以鲁迅与周作人为代表，他们主张忠实于原文，尽量保持原文的结构和形式，倾向于使用白话文进行翻译。这一方法也在一定程度上推动了新文化运动的发展，使西方的思想和文化能够更为精确地传入中国。直译派不仅注重原文的形式特征，还致力于通过使用白话文，让更多的普通人接触到和理解西方的学术和文化。周桂笙和徐念慈也是该派别的重要人物，做出了重要的贡献。

除了这两大主流派别，还有一种以音译为主的流派，代表人物是章士钊。他们主要关注如何将原文的发音准确地转化为中文，这在某种程度上也反映了当时翻译家对忠实度的追求。然而，这一方法常常会忽视语义层面上的准确性，因此也引发了一系列的争议。这些不同的翻译流派和方法不仅丰富了清朝末期，乃至整个中国翻译历史上译作的多样性，还为后来的翻译理论和实践的发展提供了丰富的经验和启示。

（二）民国时期流派

民国时代是中国翻译理论与实践繁荣发展的一个阶段，各种翻译流派应运而生，这与当时文学社团和相应流派的繁荣有着紧密联系。《新青年》派代表人物胡适和刘半农，主张使用白话文进行翻译，并努力让译文忠实于原文的形式和意义。这种接近当代语言习惯的直译方式，让他们的译作风格活泼而明快。文学研究会的主张则是在保证原文忠实度的基础上，力求提高译文的流畅性，代表人物包括郑振铎和茅盾。他们认为文学的准确性与艺术性应并重，不赞成过分地意译。

另外，创造社和新月派则强调翻译作品的艺术性和情感深度。创造社的译者，如郭沫若和郁达夫，认为译者应将个人情感融入译作，以体现艺术的感染力。新月派代表人物陈西滢，则进一步提出"形似、意似、神似"的翻译理念，强调全面理解和传达原文的形式、意义和精神。另一方面，翻译哲学派，如艾思奇和金岳霖，将哲学理念应用到翻译中，深入探讨"直译"与"意译"的辩证关系。金岳霖更是进一步提出了"译味"的概念，强调情感和气质在翻译中的重要性。

除此之外，还有注重译文美感和艺术表达的"论语派"，以及与之相对的"欧化"派和"归化"派。论语派以林语堂为代表，视翻译为一门艺术，强调美感和艺术性。而"欧化"派和"归化"派则更注重语言形式和读者接受性的平衡。"欧化"派代表人物鲁迅和瞿秋白，提倡将西方的表达方式融入汉语，以丰富和改进汉语的表达能力。"归化"派则以朱生豪为代表，主张将原文用流畅的汉语重新编排，以提高译文的可读性。

（三）中华人民共和国成立之后流派

自中华人民共和国成立以来，中国翻译事业不仅继承了民国时代的丰富传统，还因吸收了国外的多元理论而得到了进一步的丰富和深化。例如，"归化"派和"异化"派的出现，将翻译研究从仅限于语言的层面提升到了文化的高度。傅雷和钱钟书等"归化"派学者强调，译者应该减少或消除原文的陌生感，使译文更贴近目标读者的语言和文化。相对而言，"异化"派则认为，译者应当在译文中保留原文的外来性和陌生感，以促使读者去深入了解和接受原文的文化背景。董秋斯等人是这一派别的主要代表，他们强调对原文内容和风格的尊重。

从翻译的本质角度出发，科学派和艺术派分别提出了两种不同的观点。科学派的代表人物，如刘宓庆和罗新璋，认为翻译是一种可以通过研究而找到规律的科学活动。他们强调，翻译作为一个学科，需要有客观存在的规律和标准。艺术派则与此不同，更看重译者的个人主观性和创造性。傅雷和钱钟书等人认为，翻译更像是一种艺术形式，译者应该有足够的自由和创新空间，而不应受到过多的理论的约束。

还有一种被称为神化派的翻译流派，代表人物有郭沫若和傅雷，他们尤其关注翻译中难以言传的"神韵"和"气韵"。这一派认为，成功的翻译不仅仅是文字和意义的传递，更是对原文中不易察觉的情感和氛围的传达。他们强调，应在形式和意义得到充分翻译的基础上，捕捉和传达原文的精神和情感深度。这样的观点为翻译学提供了更为深刻和全面的视角，进一步丰富了中国翻译流派的内涵。这些流派不仅各自具有鲜明的学术特色，还相互影响和补充，共同推动了中国翻译事业的全面发展。

二、西方翻译学派

（一）语言学派

语言学派在西方翻译研究中占有重要的地位，罗曼·雅克布逊（Roman Jakobson）和尤金·奈达、彼得·纽马克（Peter Newmark）是为该流派做出过卓越贡献的代表人物。雅克布逊在他1959年的里程碑式论文《论翻译的语言学问题》中，不仅从语言学的视角分析了翻译的各种复杂性，还首次将翻译分为三类：语内翻译、语际翻译和符际翻译。这一分类极大地推动了翻译研究的专业化和理论化，因为它为翻译提供了一个更加全面和深刻的框架，而非仅局限于单一的语言或文化。

尤金·奈达则进一步拓展了语言学派的研究范畴。他不仅是"翻译科学说"的重要倡导者，还将信息论引入翻译研究，从而为翻译研究的交际学派奠定了基础。他的"动态对等"和"功能对等"原则，都是在考量文化和语境差异的基础上提出的，目的是更准确地传达原文的意义和功能。尽管这些原则最初是基于《圣经》翻译的研究而确立的，但其应用已经远远超出了这一范畴。尤金·奈达还进一步提出了一个详细的翻译过程模型，包括"分析""转换""重构"和"检验"四个步骤，这为翻译实践提供了一种系统的方法。

与此同时，纽马克则从另一个角度对尤金·奈达的理论进行了批评和补充。他认为，尤金·奈达的原则有时过于注重内容，而忽视了形式，这在某种程度上限制了其适用性。对此，纽马克提出了"交际翻译"和"语义翻译"的概念，以及"直译"和"逐行翻译"这两种翻译方法，意在提供一个更全面和灵活的翻译策略。他的这些观点不仅丰富了语言学派的研究内容，还使该流派更加注重翻译的多样性和复杂性，而不仅仅关注语言转换这一层面。

（二）语文学派

语文学派是西方翻译理论中相当重要的一个早期学派，强调翻译不仅仅是一种语言转换的技术，更是一种艺术形式。译者的角色被看作原作者的

"再创造者",负责用译入语为目标受众打造一种与原文等同的审美体验。该学派的代表人物,如17世纪的约翰·德莱顿(John Dryden)和18世纪的亚历山大·泰特勒(Alexander Tytler),都将原文视为不可侵犯的神圣之物。特别是德莱顿,他将译者描述为"原作者的奴隶",强调译文应忠实于原文和原作者,并且译者应力求在译文中复现原文的思想和风格。他还对翻译进行了更为细致的分类,超越了传统的直译和意译的二元模式,这在当时可谓是开创性的。

泰特勒进一步提炼了语文学派的翻译观念,特别是在他的作品《论翻译的原则》中,明确提出了三个基本的翻译原则:译文应完全传达原文的思想、风格,笔调应与原文一致以及译文应具备原文的流畅性。这三条原则为后来的翻译理论和实践提供了一个重要的理论基础,特别是它们对原文"忠实性"的强调,即译者不仅需要传达原文的内容,还需要复现其风格和节奏,影响颇为深远。

(三)文化学派

文化学派也在翻译流派中占有一席之地,特别是在解释文学翻译方面。这一流派有着丰富的历史背景和学术渊源,起源于20世纪70年代的多元主义学派,发祥于低地国家,包括荷兰、比利时以及同一时期的以色列。文化学派的核心理念在于:翻译并不仅仅是语言和文本的转换,还是一门深刻地涉及文化和社会因素的学科。这一观点反映了俄国形式主义的影响,并且多被用于小国和边缘文化,这些国家和地区特别需要理解和解释主导文化中的文学作品。这一流派的重要学者,如詹姆斯·霍姆斯(James Holmes)、安德烈·勒菲维尔(Andre Lefevere)和苏珊·巴斯内特(Susan Bassnett)等,都在尝试从更宽广的视角来解读翻译活动,如翻译如何影响译入语和译出语所在的两种文化,并尝试将这些多元的因素整合到统一的理论框架中。

与此前更侧重于语言和文本的翻译理论不同,文化学派尤为关注翻译与文化、社会,甚至权力结构之间的相互作用。这一学派的实证性和描述性研究方法有助于人们理解文学翻译如何受到各种"规范"和"约束机制"的影响，以及翻译在特定文化和历史语境中是如何发挥作用的。这些研究不仅涉及翻译本身，还延伸到翻译如何影响译出语文化和译入语文化的持续发展，提供了一种更为全面和综合的视角，强调译文不仅是源文本的反映，还是目标文化系统的一部分，而这一系统自身也在不断地演变和调整。

文化学派强调对实际翻译案例的深入研究，认为理论和实际应用是相互依存、相互促进的。这不仅拓宽了翻译研究的视野，还为后续的研究提供了丰富的实证数据和理论依据。这样的方法论让翻译研究不再是孤立的学科，而是与文化研究、社会学，甚至政治学等多个领域产生了交集，从而极大地丰富了翻译研究的内涵和外延。

（四）功能学派

功能学派诞生于 20 世纪 70 年代的德国，其形成主要受交际理论、行动理论和信息论等多学科的影响。与之前以源语言文本为中心的翻译理论不同，功能学派在研究翻译理论的过程中提出了一种有革新性的方法论，强调目标文本和翻译过程中的"目的"或"功能"，推翻了源语言文本的权威地位，这种转变开启了翻译研究的新篇章，将翻译活动视为一种有目的、有结果的社会交际行为。

凯瑟琳娜·莱斯（Katharina Reiss）是功能学派的"元老级"人物，她的著作《翻译批评的可能性与限制》是功能学派的重要文献之一，该书提出了翻译批评模式的基础框架，强调语言功能、语篇类型与翻译策略之间的相互关联。汉斯·弗米尔（Hans Vermeer）的"目的论"进一步推动了这一理论的发展，他主张翻译不仅仅是文字的转换，而是一个有明确目的和预期效果的复杂行为，这一行为必须经过协商来完成，他还认为翻译必须遵循一系列法则，其中目的法则居于首位，也就是说翻译的结果取决于翻译的目的。这一点在贾斯塔·霍茨-曼塔里（Justa Holz-Manttari）的"翻译行为论"中得到了全面的发展。霍茨-曼塔里不仅细化了翻译过程中各参与者的角色，还深入探讨了这些角色如何影响翻译结果这一问题。

功能学派翻译理论在翻译学界确立了一个划时代的里程碑。在历史上，源语言文本和译者的忠实度被看作使翻译成功的关键因素。然而，功能学派对这一观点进行了全面的反思，强调翻译实践应当更多地考虑译文的功能和目标读者的需求。这一转变在很大程度上解放了译者，使他们不再受制于对源文本过分严格的忠实度要求，而能够更灵活地应对各种翻译情境和目标。此外，在翻译教学和译员培训方面，功能学派理念也显示出其价值和效用。它不仅提供了一种新的教学框架，使学生能够更加全面和深入地理解翻译作为一种社会交际活动的复杂性，还鼓励他们从实用的角度去思考翻译问题，如怎样更好地满足目标文本读者的预期和需求。这样的教学方法不仅提高了学生的翻译技能，还为他们在未来的职业生涯中的发展提供了更多可能的选择和灵活性。

除了教学和培训，功能学派在商业和政治文本翻译方面也取得了显著成就。这一理论模型特别适用于那些需求明确、目标受众特定的文本。例如，在商业环境中，翻译不仅需要考虑语言的准确性，还需要考虑如何有效地传达营销信息，或者如何符合特定文化或社群的审美和价值观；在政治翻译中，功能学派同样具有重要的应用价值，它强调在不同文化和政治体制之间进行有效沟通的重要性，而这往往需要译者具有高度的敏感性和创造性。

（五）解构学派

解构学派翻译理论的发展是 20 世纪 80 年代以后翻译研究"文化转向"的一个明显标志，其核心思想部分来自法国的解构主义哲学。这一流派为翻译研究带来了全新的视角，深刻地影响了人们对翻译忠实度和译者角色的认识。解构主义打破了西方二元对立的思维模式，拒绝一切形式的中心主义，包括在翻译研究中经常出现的"源语言中心主义"。

雅克·德里达（Jacques Derrida）等解构主义学家从哲学和语言学的角度研究翻译，强调翻译应被看作一个探究和实践差异的场域。这个观点可以追溯到 20 世纪 20 年代的瓦尔特·本雅明（Walter Benjamin），他在其著名的"译者的任务"一文中提出，译文与原文之间不存在真正意义上的"忠实"，而是一种和谐和补充。这样的观点为译者赋予了更多的自由度和创造性，也打破了传统观念中原文的权威地位。在此基础上，德里达对逻各斯中心主义（Logocentrism）进行了批判，推翻了人们从古希腊时代以来固守的关于"在场"或明确意义的形而上学观念。他提出了一系列如"延异""播撒"和"印迹"等术语，以强调语言和意义的不确定性、动态性和多维度性。

其中，"延异"这一概念尤为引人注目。这个词语在法语中与"差异"几乎同音，但拼写稍有不同，用以强调存在和意义之间，既有空间上的差异也有时间上的延缓。这个观点有效地解构了西方传统中口头语言优于书写的观念，提出了对意义固定性和在场幻觉的质疑。德里达通过这一观点，强调翻译不仅仅是语言转换的过程，更是一种涉及意义多维度变化的复杂活动。

"播撒"是另一个关键概念，意味着意义是像种子一样被播撒出去的，随后会在不同的文本、文化和时间中萌芽、生长。这一过程并不是单一的或预设的，而是不断变化和发展的。因此，阅读和翻译成为一种追寻"印迹"的过程。每一次的翻译和解读都是一种对前文、前情和前语境的重新定位和再现。

一系列西方翻译理论家，如劳伦斯·韦努蒂（Lawrence Venuti）、佳亚特里·斯皮瓦克（Gayatri Spivak）等，受解构主义的深刻影响，从政治和权力的角度探讨翻译，强调译者应有意识地对抗社会中各种形式的霸权。例如，韦努蒂关注的核心问题是翻译中的权力关系和文化生产，他认为，翻译不仅是语言的转换，还是一种文化和意识形态的传播。因此，译者在这一过程中扮演着极为重要的角色。韦努蒂特别关注那些被忽视或边缘化的文本和文化，他的目标是在翻译中暴露这种不平等关系，并提出一种抵抗性的异化翻译策略。

韦努蒂反对使用"流畅、透明"的翻译风格，认为这种风格往往会掩盖原文的复杂性和多样性，从而削弱了原文的转换性和政治性。他主张保留原文的"混杂性"，即不同文化、历史和社会因素交织在一起的复杂性。通过这种方式，译文不仅成为原文的一个反映，还能作为一种文化批评的工具，暴露和质疑不平等的权力结构。这种批判性的翻译策略使译者成为一名积极参与文化生产的批评性参与者，而不仅仅是一名传递信息的中介。韦努蒂的理论不仅丰富了翻译研究,还对译者如何理解和进行翻译实践提供了深刻的洞见。

(六)释义学派

释义学派在西方翻译学派中占有重要地位,该学派关注的核心问题是如何摒除误解、对意义进行解释并达成理解。其基本的理论思想是,理解不仅是释义的中心任务,还是翻译的核心议题。从这一角度出发,翻译被视为一种高度复杂和有整体性的理解过程。语言在这里不仅是信息的载体,还是一个统一的文化和思想体系。因此,理解不能仅仅停留在表面或仅局限于某个特定组成部分,而应涵盖语言作为一个整体的各个方面。这种全面性不仅体现在对语言的理解上,还包括译者与文本(主体与客体)、认识与应用以及理解在时间和空间中的多维统一。在这个全局性的框架里,理解不仅是一种智力活动,还是一种情感和道德投资。

此外,释义学派为翻译过程提供了一套具体的"基本策略",并且这些策略可适用于不同的翻译阶段。最初,译者需要"信赖"原文,即相信原文有其内在价值和深层意义。接着,在与原文进行互动的过程中,译者可能会遇到"侵入",这是因为原文和目标文所代表的两种不同的语言和文化系统可能会产生冲突或矛盾。译者需要通过"吸纳"来解决这些冲突,将原文的语言和文化元素融入目的语文化中,可能会丰富目标文化,也可能让源语言逐渐被目的语同化。最后一步是"补偿",译者需在此步骤中修复因翻译过程中出现的不平衡或失真现象而导致的各种问题。在所有这些步骤中,译者不仅是一个被动的信息传递者,还是一个有主动性和创造性的个体,不仅需要有高度的语言能力,还需要有丰富、深刻的文化和道德认识。这些观点进一步强调了翻译作为一种复杂认知活动和文化活动的特性,译者在其中的角色远比单一的语言转换者要复杂。

第四节 翻译的价值认知

翻译不仅是一种客观现象，具有其固有的属性和运作规则，还是一个具有明确价值意义的活动。从实证角度看，翻译作为语言和文化交流的手段，存在其独特的规律和要求。它不仅涉及词汇、语法、句法的转换，还涵盖了文化和社会环境的互动和阐释。然而，这仅仅是表面，更深层次上，翻译还是一个具有价值导向的过程。它不是孤立的、无目的的行为，而是被赋予了特定价值的行为。

一、翻译的基本价值

翻译的基本价值主要包括语言价值、文化价值、社会价值和美学价值四个方面的内容，如图 1-2 所示。

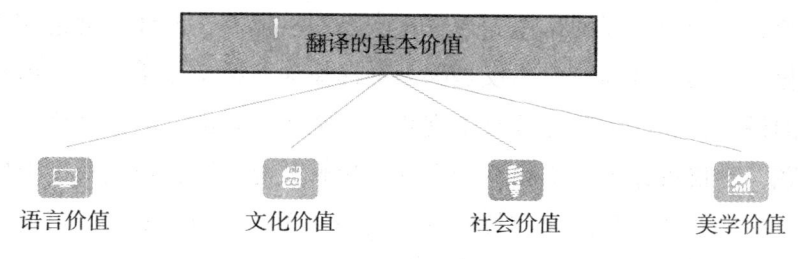

图 1-2　翻译的基本价值

（一）翻译的语言价值

翻译的语言价值是一个维度较多、内涵深刻的问题，一直未受到应有的重视。翻译不仅仅是一种字面上的语言转换，在更广泛的层面上，它也是一种符号系统的转换。这一观点源自雅各布森的翻译分类理论，他将翻译分为语内翻译、语际翻译和符际翻译，涵盖了人类所有的翻译活动。无论哪种类型的翻译，其核心都涉及符号的转换，这也成为翻译活动的一个重要特性。

翻译作为一种语言和符号的转换，具有极大的语言价值。它能在不同的文化和语言之间架起桥梁，促进思想和信息的交流，从而丰富目的语言和文化。这样的转换和丰富效果不仅在词汇和语法结构上有所体现，还可能涉及更深层次的文化和思想元素。这种综合性的语言影响有时能催生新的语言现象和表达方式，进一步推动语言的发展和创新。

然而，翻译的语言价值也是"双刃剑"。历史上有不少因翻译策略不当或对某一种语言的过度推崇而导致的负面影响。例如，新文化运动和五四运动期间对"欧化语言"的过度推崇，可能在某种程度上削弱了本土语言和文化的价值和影响力。这种过分的"异化"不仅可能导致目的语言失去其独特性，还可能引发文化和社会层面的问题。由此看来，翻译的语言价值应该是经过平衡和审慎考虑的结果，人们既要充分认识到翻译在促进语言交流和发展方面的积极作用，也要警惕其可能带来的负面影响。这需要译者在翻译实践中持续地反思和调整策略，以实现最佳的语言和文化交流效果。

（二）翻译的文化价值

目前，人们对翻译的认识与理解在不断深入提高，翻译活动也在不断地促进文化的积累与创新。这不仅是因为翻译作为一种交流手段，是信息和知识传播的桥梁，还因为翻译具有丰富和强化文化影响的能力。翻译作为一种文化实践，不仅可让不同文化群体更好地理解彼此，还在很大程度上影响了一个社群如何看待其他文化和价值观。这一点人们从历史变迁中就能明显观察到，例如，在晚清时期，由于民族危机意识的觉醒，学界对外来文化（尤其是西方文化）的态度发生了剧变。这导致大量的政治、法律和社会科学方面的文献被翻译为中文，而译者意在引入西方的制度和观念以促进国内改革的发展。

这种改革和开放不仅在政治和社会结构上有所体现，还在文化层面上产生了深远影响。通过翻译，当代的译者和学者不仅传播了外国的思想和观点，还深化了对作为一种文化行为的翻译本身的理解。这一点在译者选择翻译何种类型的文本时尤为明显，是翻译政治小说以引发对民主的思考，还是翻译科学小说以激发对未来和科技的好奇，还是翻译侦探小说以探讨法制和公平，这些选择都是基于译者对文化价值和社会价值的某种判断。因此，翻译的文化价值并不仅仅局限于文本本身，而是与整个社会文化环境和历史背景紧密相连，它反映了一种文化适应和改变的过程，也是一种文化传承和创新的方式。

（三）翻译的社会价值

翻译活动在人类文明和社会交往中扮演了至关重要的角色，从早期的部落间的基础交流，到如今全球各国在多个领域内的复杂互动，翻译一直是连接来自不同文化和语言背景的人们的桥梁。翻译的社会价值不仅表现在促进信息和知识的跨文化传播上，还在对社会和平与全球稳定的深远影响上。翻译作为一种人类活动，不仅几乎与语言本身同样古老，还一直是推动人类文明发展的重要因素。通过翻译，不同的文化、科技、哲学和艺术成果得以传播，翻译丰富了人类的智识和精神生活。

翻译的社会价值还可以延伸到塑造民族身份和影响思维模式这两个方面。对于前者，翻译活动可以说是文化认同的一个重要组成部分。它通过传播某一文化的核心观念和价值观，强化或重塑民族精神和集体认同。对于后者，翻译更是一种文化和思想的媒介，能够深刻地影响一个社会或国家的集体思维。这不仅体现在具体的语言表达上，还反映在通过不同文化视角和思考方式的交融，让人们拓宽思维，增进对世界的全面和多元理解上。翻译不仅仅是语言的转换，更是思想和价值观的互动与传播，其社会价值的重要性不言而喻。

（四）翻译的美学价值

翻译，尤其是文学翻译，非常注重体现作品的美学价值。翻译的美学价值远不只是语义层面的准确传达，它要求译者在维持原作的基础结构和意义的同时，捕捉并再现原作的情感厚度和艺术美感，就像莎士比亚的"和泪之作"和曹雪芹"一把辛酸泪"所展现的情感深度一般，一部成功的文学翻译作品应该能够触动读者的心灵，让他们与原作和译者产生共鸣。

为了实现这样的美学效果，译者需要进入原作者的心理和情感世界。这不仅是一种感性的认知，还是一种主观性和情感性的交织。传统心理学对人们的认识心理活动的三个运动阶段有这样的描述：感性认识（知）、意识与情感的交融（情）以及主观倾向的意识（意）。在翻译过程中，这三个阶段相互作用，构成了一个从有意识到无意识，再到自我意识的认知路径。

译者在认识作品和作者的过程中，先要用感性和情感去触及原作，这是一种从有意识到无意识的过程。在这个阶段，译者与作者的情感和意识开始交融，形成一种心理的同构。然后，译者需要回到自我意识，对所有的信息和感觉进行整合和加工。这一阶段是从无意识到有意识的过程，译者需要用更抽象的思维方式去理解和解释原作，以达到与作者美学上的共识。

整个翻译过程可以看作一种意象整合的活动。译者通过深入的认识和感受，将原作的艺术美感和情感厚度注入译文，使其不仅在语义上，还在美学上，与原作达到高度的一致。这种美学价值的体现，使文学翻译成为一种艺术创造活动，而非简单的语言转换。因此，文学翻译不仅是语言和文化的传播，还是一种美学和情感上的共鸣，它使原作在不同文化和语境中得以再生，实现了艺术和情感的跨文化传播。

二、翻译的附属价值

翻译的附属价值可以从三个层面展开论述，如图 1-3 所示。

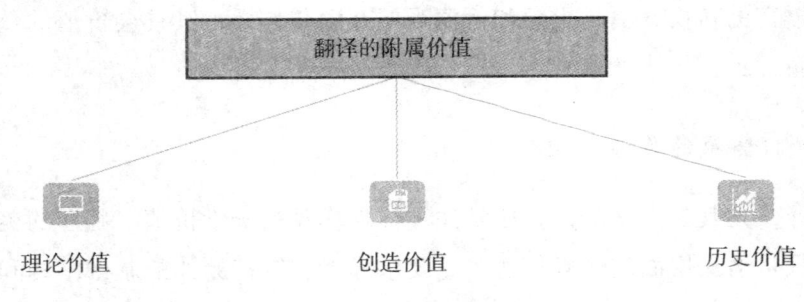

图 1-3　翻译的附属价值

(一)翻译的理论价值

翻译活动对于翻译理论——专门研究翻译现象和原则的学科理论——而言具有基础性价值。这里的"基础性价值"并不是说翻译活动本身可作为理论构架的价值,而是强调它在翻译理论发展中的重要性。翻译活动是翻译理论研究的核心对象,可以说是翻译学科成立和发展的实践基石,没有翻译活动作为观察和研究的对象,翻译理论本身也就失去了研究的土壤。

翻译理论依赖翻译实践的多样性和复杂性来丰富和发展自己的理论体系。通过分析各种各样的翻译案例,翻译理论能总结出各种策略、方法和原则,进一步推动翻译实践的发展。也就是说,翻译活动为翻译理论提供了丰富的"素材",而翻译理论也能反过来为翻译活动提供方法论上的指导。这两者之间存在一种相互促进、相辅相成的关系。同时,翻译理论的进步通常源于翻译活动中出现的新问题或新现象。当翻译界面临新的挑战,如文化冲突、技术发展或者社会变迁等时,翻译理论就需要去解析这些新的现象,以适应翻译活动的需要。这不仅能使翻译实践更加高效而精准,还有助于翻译理论自身的不断完善和发展。

因此,翻译不仅是翻译理论成立和发展的前提,还是其不断更新和完善的动力。两者之间形成了一种密不可分的关系:翻译活动的存在使翻译理论的成立和发展成为可能,而翻译理论的进步又反过来推动翻译活动向更高的层次发展。这种相互依存和促进的关系使翻译成为一种在人类文明进程中具有不可替代作用的活动,也赋予了翻译无可争议的理论价值。

(二)翻译的创造价值

翻译家张泽乾认为,好的文学翻译不是原作的翻版,而是原作的再生。它赋予原作以新的面貌、新的活力、新的生命,使其以新的形式与姿态面对新的文化与读者。张泽乾的观点揭示了翻译不仅仅是文字的简单转换,更是一种文化、思想和语言的创造性实践这一事实。他强调翻译在三个不同层面上具有创造价值:社会、语言和文化。

从社会角度看,翻译不仅促进了跨文化的沟通,还为促进思想的多样性发展提供了肥沃的土壤。与其说翻译是一种机械的语言交换，不如说它是一个有启发性的社会活动，能够促进不同社群之间的对话与理解。这种对话是两方的，即翻译不仅将外来思想引入一个文化圈，还将该文化圈的观点展示给外界。这样的互动性为人们打开了思维的新窗口，从而极大地激发了个体和社会的创造力。在语言层面上，翻译是一项需要极高创造力的工作。尤其是在文学翻译中，译者需要在保持原文意义和风格的同时，用目的语言赋予文本全新的生命。这往往涉及对语言规则的灵活运用和创新，有时甚至需要创造全新的词汇和表达方式，以准确地传达原作的情感和深意。

最后，在文化方面，翻译同样具有巨大的创造价值。通过翻译，新的文化元素被引入一个文化体系中，这不仅可以挑战既有的文化规范和观念，还能引发文化创新和更新。这种文化活力不仅丰富了接受文化，还在某种程度上改变和影响了传播文化，使两者在互动中得到发展和完善。

（三）翻译的历史价值

在人类历史和文明的发展过程中，翻译有着不可忽视的地位，它不仅是文化复兴和知识传播的重要媒介，还在历史进程中呈现出一种动态的、局限但在逐渐扩大的可能性。回溯历史，人们就会发现，每一个文化的黄金时代，如古希腊和罗马时代、加洛林王朝以及文艺复兴时代，翻译活动都十分活跃。在这些时代，翻译不仅促进了知识和艺术的传播，还催生了文化和科技的创新。这也提醒人们，翻译不仅是文化和知识传递的手段，还是历史推动力的一部分。

然而，翻译并非一蹴而就的过程，尤其在面对具有复杂性和深度的文学和艺术作品时。这些作品的多层次性和丰富内涵往往需要多个时代甚至多个文化背景下的译者共同努力才能接近其所蕴含的真谛。在这里，历史局限性不仅是一个挑战，还是一种可能。意识到这一点，有助于人们更全面地理解翻译活动在不同历史阶段的价值和意义。这种局限性随着人类社会、文化和科技的发展而逐渐降低，使翻译活动有更多的空间去探索和实现更高层次的跨文化交流。

翻译的历史价值还体现在如何反映和影响人类社会的发展上。通过观察翻译活动，人们不仅可以了解到人类历史的演变，还能从中看出，翻译本身作为一种文化和社会活动在不断地丰富和扩大其可能性。翻译不仅是历史的记录者，还可以是历史的参与者和塑造者。因此，从历史的角度来看，翻译活动不仅具有瞬时的文化和社会价值，还具有深远的历史价值。这种历史价值不仅能帮助人们更好地理解人类文明的多样性和复杂性，还能促使人们去思考如何更有效地进行跨文化交流，以适应不断发展和变化的全球环境。

第二章　文化与翻译的关系

第一节　文化的内涵与外延

一、文化的定义

"文化"这一概念具有多样性和复杂性，多年以来一直是学术研究的焦点之一。在 1952 年，美国人类学家阿尔弗雷德·克罗伯（Alfred Kroeber）和克莱德·克拉克洪（Clyde Kluckhohn）编纂了一部重要的作品，聚焦于文化这一概念，提供了多达 166 条的定义，证明这个词的内涵是多层次和多角度的。此后七十年，文化的定义继续被不断拓展，数量更是达到数百条甚至数千条。

拉丁词语"cultura"是文化这一词的词源，它原意涵盖了人类通过耕作、培养、教育和学习而形成的各种行为和物质形态。梅尔维尔·赫斯科维茨（Melville Herskovits）在其《文化人类学》一书中提出了一个更为开放的定义：除了自然界，人类创造的一切都是文化。这一定义不仅包括了人们能看到和触摸到的物质产品，还包括一系列看似无形但深刻影响着人们行为和思想的社会规范和价值观。尽管这一定义由于其广泛性并未被全面接受，但它确实反映了文化的多元性和全面性。

部分学者认为，文化就是对某一民族和地区文明的描述。这一流派代表性的定义来自英国人类学家爱德华·泰勒（Edward Tylor），他认为从广泛的民族学意义来讲，文化就是一个复合整体，这个整体包括知识、信仰、艺术、道德、法律、习俗，以及作为一个社会成员的人所习得的其他一切能力和习惯。① 这个定义广泛而全面，强调了文化在人类社会生活中的深刻影响力和广泛存在性。这也是较早提出的有关文化的较为科学全面的定义，在学术界广为认可，沿用至今。

中国学者钟敬文也对文化有如下定义：凡人类（具体点说，是各民族、各部落乃至于各氏族）在经营社会生活过程中，为了生存或发展的需要，人为地创造、传承和享用的东西，大都属于文化范围。它既有物质的东西（如衣、食、住、工具及一切器物），也有精神的东西（如语言、文学、艺术、道德、哲学、宗教、风俗等），当然还有那些为取得生活物资的活动（如打猎、农耕、匠作等）和为延续人种而存在的家族结构以及其他各社会组织。②

也有部分学者将文化视为一种社会规范和价值观，认为文化是一个社会群体中的人们习得的知识在风俗、传统以及规制和制度方面的体现。例如，美国文化人类学家S.南达表示：文化作为由理想规范、意义、期待等构成的完整体系，既对实际行为按既定的方向加以引导，又对明显违背理想规范的行为进行惩罚，从而遏制了人类行为向无政府主义倾向的发展。③

在多元和复杂的文化定义中，除了对文化的历史和物质性的关注，也有学者从心理和行为的角度来解析文化。这一解释模式尤为重要，因为它不仅解读了文化如何形成，还解释了文化如何适应和变化。美国有人类学家视文化为"人们为适应环境而做出的行为调整的集合体"，这里，文化不再是一组静态的符号或实践，而是一个动态的过程。

荷兰学者吉尔特·霍夫斯泰德（Geert Hofstede）进一步指出，文化是一种心理编程，它不仅区别了不同的社会群体，还影响着个体和集体在各种情境下的决策和行为。这种心理编程，或者说被内化了的思维模式和行为准

---

① 泰勒.原始文化[M].蔡江浓，译.杭州：浙江人民出版社，1988：1.
② 钟敬文.话说民间文化[M].北京：人民日报出版社，1990：35.
③ 南达.文化人类学[M].刘燕鸣，韩养民，编译.西安：陕西人民教育出版社，1987：46.

则，无形中成了文化的一部分，与文化的物质和行为表现一样重要。换句话说，文化不仅是人们"做什么"的体现，还是人们"为什么这么做"的体现。这种心理层面的文化定义有助于人们理解文化的可塑性和适应性，解释了为什么相同的文化背景下仍然可能存在多样性文化。

法国学者维克多·埃尔（Victor El）从理论性更强的层面出发，将文化定义为"对人进行智力、美学和道德方面的培养"[①]。这种看法强调了文化在塑造个体品格、价值观和信念方面的作用。它认为文化不仅仅是物质或行为的总和，更是一种智力和精神的提升和展现。

将以上学者的观点综合起来，可以看到，文化是一个涉及人类生活各个方面的全面概念，它既有物质层面的表现，也有精神层面的表现，既有具体的行为方式，也有抽象的思维方式。文化是由人类社会历史进程中的各种活动和某创造结果构成的，它既包含了人类对物质生活的改造和创新，也包含了人类对精神世界的理解和塑造。从这个角度看，文化是人类社会历史的一种印记，是人类智慧的结晶。从另一个角度分析，可以认为，文化具有适应性和演化性。在人类社会的历史进程中，文化并非一成不变的，而是随着社会的变迁、环境的变化以及人类认知能力的提升而不断演变和发展的。这种演化性使文化有着强大的生命力和变革力。同时，文化具有一种适应性，能够应对各种社会、环境和历史的变化，保证人类社会的生存和发展。

二、文化的特征

根据人们对"文化"一词的不同理解，可以看出，文化是由人类主动创造的，不是自然界的天然产物。也就是说，文化既是人类行为的产物，也是人类生活模式的反映，它无疑具有广泛的适用性。然而，由于人们在不同的时空和社会背景下活动，所产生的文化便有多样性和独特性。通过对文化共性和个性的整理和探讨，人们可明确判断出文化所具有的一些关键特征，如图 2-1 所示。

---

① 埃尔.文化概念 [M].康新文，晓文，译.上海：上海人民出版社，1988：54.

第二章 文化与翻译的关系

图 2-1 文化的特征

（一）民族性

民族性是文化的基本属性。民族这个词语虽然在现代社会为人们所熟知，但这一说法不是一开始就有的，而是随着社会和历史的演进而逐渐形成的。每一个民族都存在一种难以言喻却至关重要的精神内核。这种精神内核不仅是由该民族特有的地理环境塑造的，还受该民族历史发展过程中特定时代观念的影响。这种精神内核通常会通过多种形式体现在该民族的文化中。例如，爱国主义在中华民族的精神内核中占据着极其重要的地位。这一精神内核不仅源于中国特有的地理环境，还深受中国丰富的历史和文化遗产影响。这种精神内核通常会以多种方式体现在文化、艺术、教育和社会行为中。例如，许多古典文学作品都充满了爱国情怀，从"人生自古谁无死，留取丹心照汗青"到"为中华之崛起而读书"，这些成语或诗句不仅流传甚广，还在各个年龄段和社会阶层中都有着广泛的影响力，因为这些言语传达的不仅仅是个人的情感，更是民族精神的体现。

与此同时，由于每个社会集团或民族都有其独特的文化符号和实践，因此这些特质就会成为该群体的身份标识。例如，在维吾尔族的文化中，音乐和舞蹈占据了特别重要的位置。他们的民族舞蹈和歌曲不仅仅是娱乐活动，还在很大程度上反映了他们的历史、传统以及对生活的热爱。通过维吾尔族的歌舞表演，人们能够窥见他们丰富的民族传统和共同的社会价值观。蒙古族则以其精湛的骑术和射箭技巧而闻名。这些技能并不仅仅是生活技巧或运动，更是这一民族的历史与文化传承的一部分。骑马和射箭曾经是他们游牧生活中不可或缺的部分，而今则成了体现他们民族特色和历史传承的文化活动，甚至在一些传统节日或者庆典活动中，骑马和射箭比赛也是必不可少的环节。

通过上述几个例子，人们可以清晰地看到，民族文化不仅体现在具体的物质文化（如艺术、服饰、食物等）上，还体现在一系列行为习惯和思想情感中。这些习惯和活动往往源自该民族特定的历史背景和地理环境，随着时间的推移，逐渐形成了具有代表性的文化特质。这些特质进一步强化了民族内部成员的民族认同感，也在不同民族之间建立起一道文化的"界限"，使每一个民族都有其独特而丰富的文化遗产。通过这种方式，文化的民族性不仅维护了每个社会集团内部的团结和一致，还为不同社会集团之间的文化交流提供了丰富多彩的内容。

（二）地域性

文化是与时间和空间密切相关的现象，因此地域性是其不可或缺的特点之一。在全球范围内，东西方文化的差异就是明显的地域文化差异的体现，它不仅反映在哲学思想、宗教信仰上，还表现在艺术、食物和日常习惯等方面。即使在一个更微观的层次，如某个国家内部，地域文化也会表现得十分鲜明，如大陆和海洋文化，或山地与平原文化，都有各自的特质和独特的历史背景。

地域文化和民族文化虽然有相似之处，但也有明显的不同。民族文化通常存在于某个特定的社会共同体中，其文化表达往往更加集中和明确。然而，地域文化通常更加包容和多样。它可能包括多个民族，或者同一个民族在不同地理环境下的不同文化表达。这种包容性和多样性使地域文化更具有渗透性和机动性，能够更容易地与其他文化交流和融合。

地域文化和民族文化虽然有所不同，但两者往往是相互关联和影响的。从宏观层面看，民族文化可以被视为地域文化的一个组成部分，因为每一个民族都是在某一特定地理和社会环境中形成和发展的。而从微观层面来看，地域文化的特色和内容往往也会反映在当地主导民族的文化中。例如，某个民族可能居住在海洋环境中，他们的文化中就可能包括与海洋有关的风俗、信仰和生活方式，这些都是该民族文化中不可分割的一部分。

（三）时代性

文化是一种动态的社会现象，其演变和发展是与特定历史背景密切相关的。不同的时代，由于其社会、经济和政治条件不同，会孕育出不同的文化形态。例如，人们可以将文化按照不同历史阶段进行分类，分为原始文化、奴隶社会文化、封建文化、资本主义文化和社会主义文化等。这样的分类体现了文化在各个历史时期的独特性和代表性。

在文化演变的过程中，通常会出现一个"扬弃"的模式，即新的文化形态往往通过批判、继承和改造旧的文化形态来实现自己的成长和拓展。这种演变并不总是单向的，或者说总是朝着更为"先进"的方向而进行的。确实，文化的主要趋势是与时代一同前行，但有时也会出现所谓的"倒退"现象。这种"倒退"并不意味着文化的整体进步趋势被完全逆转，而更多地反映了文化演变的复杂性和非线性特质。例如，有时候，文化会因为特定历史条件或者社会制度的压迫而遭受损害，如历史上的书籍焚烧或文化审查。这类事件虽然会暂时阻碍文化的发展，但最终通常不会改变文化向前发展的整体趋势。这是因为文化本质上是一种适应和反应社会变化的机制，即使在不利的环境中，新的文化形态也会找到生存和发展的空间。

文化的时代性表明了它是一个不断演变的、与其所处的社会历史背景紧密相连的社会现象。文化不仅在各个特定时代内具有其代表性和独特性，还在不断地批判、继承和改造中逐渐演进，适应新的历史条件。尽管在这一过程中可能会出现暂时的"倒退"或者阻碍，但这并不会改变文化与时代共同前进的大趋势。

(四)整体性

文化的整体性是其核心属性之一,这一属性不仅赋予文化以稳定性和一致性,还使其具备足够的灵活性和开放性。这些特质共同构成了文化的复杂性和丰富性,也是文化能够长期持续、不断发展和适应不断变化的社会环境的关键因素。

文化可以被看作一个多维度的、有机的系统,其中各个元素——从思想观念到行为习惯,从艺术形式到社会结构都是互相联系和影响的。能这种联系和影响不仅仅是表面的或孤立的,而是构建了一个相互依存的网络,使文化成为一个整体性极强的实体的。因此,任何微小的变化或者元素的增加都有可能激发文化体系内更广泛的回响,进一步触发文化的整体变革。这种整体性具有两方面的重要意义。一方面,它赋予文化一种内在的稳定性和连贯性。由于各个文化元素之间的紧密相互作用,文化体系在某种程度上可以自我维持和自我平衡,即使面对外部的挑战和冲击,也能以相对稳定的形态存在。另一方面,文化的整体性也意味着它具有一定的动态性和可塑性。由于文化是一个开放的系统,新的思想、行为或技术的引入会被文化体系快速地吸收和传播,从而可能促使文化进行更大范围的自我更新和演化。这种动态平衡使文化能够灵活地应对各种内外挑战,也为文化创新和社会进步提供了肥沃的土壤

(五)适应性

文化的适应性是一种内在的动态平衡机制,它使文化在复杂和多变的现实世界中能够持续存在和发展。这一机制涵盖了从灵活吸纳新元素,到在变革中保持连贯性和一致性的全过程,是文化长久生存和传承的必要条件。具体来说,文化适应性表现在面临不断变化的环境因素时,进行有效的自我调整和更新的能力上。

在这一过程中,文化不是僵化不变的,而是能够灵活地吸纳新的思想、观念和实践,以更好地适应新的环境或应对新出现的问题。这种灵活性使文化在全球化、科技革新或者其他大规模社会变革中能够持续更新,而不至

于变得陈旧或不合时宜。然而，这并不意味着文化会随便地抛弃其根本价值和传统元素。相反，一个具有强适应性的文化会在改变和革新的过程中，仍然保持自身的深层次结构和价值观，并使改变的方面与之保持一致。另一方面，文化适应性也包括对过去和现在的有意识的平衡，即在引入新元素或进行改革的同时，仍然保存那些被认为是有用或有价值的传统成分。这样，文化就能在变革中保持连贯性和一致性，在面临各种挑战时，既不会失去自身的核心，也能有效地适应新环境。

（六）习得性

文化的习得性是帮助人们理解文化的重要特征，它揭示了人类活动如何经过岁月的洗礼后逐渐成为某一文化体系组成部分的规律。简而言之，文化不是与生俱来的，而是在特定的社会和人文环境中需要被个体学习和吸收的。这个观点有力地反驳了那种认为文化是一种人们所固有的或者存在于基因编码中的事物的观念。

文化后天习得的过程并不局限于人们对高度抽象或复杂文化元素的理解，如宗教观念或哲学思想，也延伸到人们日常生活的方方面面。例如，人们对食物的不同偏好和各种饮食习惯，从最基础的味觉偏好到更为复杂的餐桌礼仪，都是在人们成长过程中，在他们接触他人、与他人互动的文化环境中逐渐习得的。即使是像坐姿、行走方式或者打招呼的方式这样看似微不足道的事情，也都是人们在文化环境中不断学习的结果。同样，这种习得性也解释了为什么人们能够在不同文化环境中适应和生存。因为文化是可以被学习的，所以当人们移居到一个与他们原有文化环境截然不同的地方时，他们也能够通过学习和适应，习得新文化环境中的行为规范和价值观。这也就意味着，虽然文化身份可能会对个人有重要的影响，但它并不是一成不变或者不可改变的。

文化的习得性不仅揭示了文化是如何在个体和社会层面上被传播和维持的，还为人们提供了一种理解文化多样性和文化交流的重要途径。因为文化是后天习得的，所以它是多样的、灵活的，并且具有一定的可塑性。这为不同文化甚至是互有冲突的文化之间的交流和融合提供了可能性。

（七）传承性

文化的传承性是其持久存续和有影响力的一个重要原因。它不仅能使文化得以保存和延续，还能够使文化适应环境、发生演变并在一个日益多元和快速变化的世界中找到自身位置。这一点不仅对理解文化的本质有着重要意义，还为人们提供了一种看待文化如何影响和塑造社会现象和人类行为的视角。

文化的持久性和活力在很大程度上依赖于被有效地延续和传递的过程。换句话说，文化的长久存在不仅是因为它在特定时刻具有重要性，还因为它能被传递给后代，并因此继续影响未来的社会结构和价值观。这种传承不仅保存了一代代人的集体智慧、经验和观点，还架起了一个连接过去、现在和未来的桥梁。

传承性不仅仅是一种保存机制，更是一种社会和文化进化的推动力。通过不断地传播和演绎，文化元素，如信仰、传统、习俗和故事等得以演化，以适应新时代的需求和挑战。这使文化不再是一种僵化的、固定的系统，而是一个动态的、不断演变的结构。这样的动态性使文化即使在快速变化的社会环境中也能维持其一贯性和生命力。此外，这种传承性也解释了文化为何能够在全球化、数字化和多文化交流日益增多的今天，依然能保持其独特性和完整性。尽管全球影响越来越大，不同文化的界限也越来越模糊，但通过建立有效的传承机制，文化仍然能够保持其核心价值和意义，同时吸纳新的元素，产生新的影响。这样，文化不仅可以维持其传统和历史，还能适应和反映现代社会的复杂性。

三、文化的功能

尽管目前关于"文化"这一术语还没有一个被普遍接受的确切定义，但它在学界和日常生活中都有着广泛的应用，并被广泛关注。这主要是由于三个方面的因素。一是文化这一词汇具有足够的灵活性和广泛性，无论是从知识和道德的高度去解释，还是在物质文明的范畴内加以形容，它都能适用。这种宽泛的适用性使人们——从学者到普通人——都可以在不同的语境下方便地运用这一概念,即便其中的具体内涵可能大相径庭。二是文化的模糊性和多义性为人们提供了丰富的解释和探讨空间。正如对文学经典,如《老子》的研究一样,人们总想更深入地理解和把握这一复杂但又基础的概念。三是文化在社会和个体层面不可或缺。它不仅是人类与其他生物的基础性区别,还为个体和群体提供了实现价值和目标的基础框架。实际上,对文化功能的分析是对文化内涵和本质探索的深化。分析的角度不同,文化的功能就不一样。下面,本书将从个人发展、社会发展、民族和国家发展三个层面探讨文化的功能。

(一)个人发展层面

1. 培育认知功能

从培育认知功能的角度来看,文化对个体的发展有着不可估量的影响。文化是一套认知系统,它提供了一个理解和解释世界的框架。从孩提时代开始,个体就在文化的熏陶中逐渐学会了如何看待自己、他人和周围环境。这一过程学习的内容涵盖了基本的事实认知,如语言学习和社会准则,也包括更为复杂的思维模式和解决问题的策略。文化不仅给个体提供了一种观察和分析世界的途径,还塑造了人们逻辑推理、批判性思考以及创新能力。因此,文化在个体认知发展中扮演着至关重要的角色,它像一面镜子,反映出个体对世界的理解和应对方式。

2. 塑造价值观功能

从塑造价值观功能的角度来看,文化在个体发展中同样起着重要作用。价值观是一种内在的信念体系,它影响着个体评价自己和他人的方式,以及如何做出生活中的各种选择。文化传达了一系列信息,告诉人们什么是好的、正确的、值得追求的。这些信息植根于个体的心中,并影响着他们的日常行为和长期规划。这些价值观随着时间的推移并不是静态不变的,相反,它们在与不同文化和环境的互动中可能会发生变化。但无论如何,价值观的形式始终是个体发展中不可或缺的一环,它们为个体提供了行为准则和生活目标。

3. 规范行为举止功能

从规范行为举止的功能角度来考虑，文化同样具有重大意义。文化不仅传达了关于可接受和不可接受行为的信息，还提供了一套规则和准则，以指导个体在不同的社会场合中行动。这些规范可能是显性的，如法律和宗教教条，也可能是隐性的，如社会期望和礼节。通过了解这些规范，个体才能学会如何与他人互动，如何解决冲突，以及如何在更大的社会结构中找到自己的位置。这些规范不仅有助于维护社会的稳定和和谐，还能够在个体层面上帮助人们建立自我身份，明确自己在社会中的角色和责任。

（二）社会发展层面

1. 促进政治发展功能

文化可以促进政治的发展。在每个社会、每个政体中，都有一套核心的思想理论，这些思想理论通常源自文化的深层结构。它们为政府和政治组织提供了一种哲学基础或道义准则，使其能在复杂和多变的政治环境中更加有序和系统化地运作。这些理论基础通常包括社会公平、权力分配、人权和自由等诸多方面，是形成具体的政治路线、方针和政策的基石。这些理论不仅给出了解决社会问题和冲突的方法，还为政治行为提供了合法性。因此，在政治发展过程中，文化起着为复杂的政治机制提供思想和道德指导的角色。

文学和艺术作为文化的一部分，有力地传达和强化了特定的政治信息和观点。它们以更加直观和感性的方式，将抽象和复杂的政治理念转化为更容易被理解和接受的形式。例如，一部描述社会不公或反抗压迫的电影或小说，可以让群众更加直观地理解政府的政治路线和政策意图。这种形象化和鲜明化的特点不仅有助于政治信息的传播，还有助于激发群众的政治参与热情，从而使政治路线和政策更容易被接受和执行。简言之，文学和艺术作为文化的重要组成部分，在政治发展中扮演着将高度抽象的政治概念具体化和普及化的角色。

2. 促进经济发展功能

在经济发展的各个方面,文化起着一种正向调节的作用。具体而言,在国民经济各部门之间的发展比例以及积累与消费的比例方面,文化有力地影响着关键因素的平衡与协调。这是因为每一种文化都有一定的价值观和信念体系,这些价值观和信念体系会在某种程度上影响人们的经济行为和决策。例如,崇尚节约和持久发展的文化环境,可能会更倾向于选择能促进可持续发展和环境保护的经济政策。这样的文化背景不仅有助于维持当前经济的稳定运行,还会为未来的经济发展打下坚实的基础。

同样,文化对资源配置也有显著的影响。不同的文化观念会影响人们对自然资源和社会资源的价值判断,进而影响这些资源在国民经济各部门之间的分配和利用。文化能优化这些资源的配置,因为它涵盖了经济、环境和社会责任等多个维度。在这一过程中,文化作为一个积极的调节器,有助于确保经济发展的协调和平衡。最后,文化也有对经济进行稳定和保障的功能。文化传统、信仰和价值观通常会为经济行为提供一个长期稳定的框架。在面对经济波动或危机时,文化中的某些元素,如社会凝聚力和互助精神,可以起到缓冲作用,帮助社会更好地应对各种经济挑战。

(三)国家和民族发展层面

1. 增强凝聚力

在促进国家和民族发展方面,文化起到的第一个重要作用是增强社会凝聚力。文化不仅是历史和传统的存储器,还是一种动态的社会力量,贯穿于人们的日常生活、信仰、艺术、习俗和语言之中。这些文化元素为一个民族或国家的人提供了认同感,使其成员能够在多样化和全球化的现代世界中,生出归属感和自豪感。更为重要的是,这种强烈的认同感能增强社会凝聚力,有助于社会成员在遭遇挑战或危机时团结一致。换句话说,文化是社会的黏合剂,它帮助人们超越个体利益,去实现更高层次的共同目标。

2. 促进创新思维发展

文化作为创新和发展的催化剂，具有不可忽视的作用。不同的文化意味着不同的思维模式和问题解决策略。这种多样性使文化成为推动科技、艺术和社会进步的肥沃土壤。在现代社会中，创新和适应能力被普遍认为是组成国家和民族竞争力的关键因素。因此，文化多样性和包容性不仅有助于提高创新能力，还有助于让人们在全球范围内寻找最佳的解决方案。文化的这种推动力不仅体现在高科技产业中，还广泛体现于文艺创作、教育体系和社会改革等各个方面。

3. 发挥外交功能

文化在外交和国际关系方面也发挥着至关重要的作用。文化的影响力是一种"软实力"，它能够让人们超越物质和经济，达到心灵和精神上的交流。文化交流不仅能增进不同国家和民族之间的了解，还能在政治和经济合作中起到桥梁和媒介的作用。这种跨文化的互动有助于消除误解和冲突，促进国际关系的长期稳定。尤其在全球化日益加速的今天，文化的外交功能更是受到了广泛的重视。它不仅有助于推动多边或双边关系的发展，还能为人们处理全球性问题提供有益的思路和解决方案。

第二节　文化适应与翻译

一、文化适应理论基本认知

在20世纪七八十年代，第二语言习得研究经历了一次重要的转型。之前，这个领域主要关注对学习者语言能力的描述，但随着时间的推移，学者们越来越倾向于深入探索语言习得的根本规律。具体而言，这一时期的研究重点转移到了习得发生的原因（即动力机制）以及习得的具体过程（即组合机制）上。在这样的学术背景下，约翰·舒曼（John Schumann）提出了文化适应理论，这一理论不仅开创性地融合了语言习得与文化，还为后来的研究者，在认知学和社会心理学领域的进一步探索提供了理论支撑，对整个第二语言习得领域产生了深远的影响。

文化适应理论的核心观点，可以从两个层面来理解。文化适应被定义为学习者对新文化中的认知、情感和交际系统等内容的适应和理解。这一过程不仅仅是对新语言的学习，还涉及学习者与目的语言社群之间的社会和心理互动。舒曼对文化适应进行了细致的分类，他认为学习者与目的语言社群的关系大致可以分为两种。一种是学习者希望完全融入目的语言社群，不仅仅是学习语言，还会接受该社群的生活方式和价值观并被同化。而另一种则是学习者在心理上愿意学习和使用新语言，但在文化和生活方式上保持一定的距离，不希望被完全同化。不论学习者采取哪种态度，舒曼认为文化适应都对第二语言的习得起到了关键的推动作用。这意味着，要想真正掌握一种第二语言，学习者不仅要掌握语法和词汇，还要深入了解和适应相关的文化背景。

舒曼的文化适应假说认为，个体在新的语言文化环境中的学习和适应是一个不断演变的过程，涉及的主要因素是社会距离和心理距离。社会距离主要包括社会显性、结合方式、封闭性、凝聚性、文化和谐性等方面，这些差距可能会影响到学习者与目的语言社区的交互和沟通。心理距离则更侧重于个体层面，包括文化休克、语言休克、学习动机等。

（一）社会距离

社会距离涉及学习者与目的语言社群之间的关系和接触程度。这种距离是由多种社会因子来界定的，这些因子共同塑造了学习者社团与目的语社团之间的复杂互动。社会显性是其中的一个重要因素，指学习者社团和目的语社团在各个领域，如政治、经济、文化和技术等，是否处于平等的地位。当两个社团在社会地位上平等时，他们之间的社会距离可能会减小。结合方式描述了学习者社团是如何与目的语社团相互作用的。他们可能会被完全同化进目的语社团，或保留自身的生活习惯和价值观，甚至也可能在适应新文化的同时继续保持原有的文化传统。

封闭性则涉及学习者与目的语社团在日常生活中被隔离的方式，如他们是否分别去不同的学校或教堂。而凝聚性主要关注学习者社团的内部关系，如他们是否主要与自己的社团成员进行互动，还是更倾向于与目的语社团成员进行交往。另外，学习者社团的规模、两个社团的文化相似度、学习者对彼此的态度以及学习者社团计划在目的语社团中居住的时间长度，都是决定社会距离的其他关键因素。

舒曼认为，学习者与目的语社团之间的社会距离是制约文化适应程度和第二语言习得水平的主要原因。社会距离会对文化适应和语言习得产生如此大影响的首要原因是，它直接关系到学习者的学习动机，以及他们对目的语和对应社团的认知和态度。当学习者与目的语社团之间的社会距离缩小时，学习者可能更容易建立起对新文化和语言的积极态度，从而提高学习动力。相反，当社会距离较大时，学习者可能会有隔阂感，影响自身的学习意愿和效果。

良好的学习环境是促进文化适应和语言习得的关键。如果学习者与目的语社团在社会地位上较为平等，并都期待学习者能够被目的语社团同化，这通常意味着一个有利的学习环境。此外，如果两个社团能够保持开放的态度、学习者社团规模适中且没有明显的内部团结现象，并且两个社团的文化冲突较小，那么学习者社团更可能成功地融入目的语社团。学习者社团在目的语区域的长期居住计划，以及双方对彼此的正面态度，都将推进这一融合过程的发展。相反，当存在不利于学习的社会因素时，如学习者社团过于自恋或自卑，或他们在文化上与目的语社团存在较大的差异，学习者很可能会遇到更多的困难。这样的环境可能会导致学习者对学习目的语和文化产生抵触，从而影响学习效果。

（二）心理距离

心理距离涉及个体对目的语言及其文化背景的总体感受和认知，它直接关系到学习者对学习任务的适应度，并与学习者的情感和心理状态紧密相连。这种心理距离不仅反映了学习者对外语学习的态度，还揭示了他们与目标文化之间的关系。心理距离主要由以下几种心理因素决定。

语言休克是第二外语的习得过程中会发生的一种常见的心理现象，当学习者尝试使用一种新的语言时，他们可能会感到困惑、紧张或害怕。这种感觉很像是进入一个完全陌生的领域，缺乏信心和安全感。与之相似的是文化休克，个体首次深入接触或融入一种新文化时，可能会感到不适、迷茫甚至焦虑。这种感觉往往源于新文化与自己原有文化的冲突和差异，需要时间去适应和理解。

此外，动机是驱动学习者学习外语的内在动力，它可以是基于真正的兴趣和希望融入目的语文化的结合型动机，也可以是出于实际需要和目的，如通过考试、获得工作或出国留学等工具型动机。前者往往更容易产生持续和深入的学习动力，因为它基于对目标文化的真正兴趣和认同；后者可能是短期或表面的，但同样可以促使学习者付出努力。与此同时，自我透性与学习者的心理适应能力直接相关，特别是在他们学习新语言时如何看待自己方面。语言自我是学习者在习得母语过程中建立的一种心理结构，它起着保护学习者的作用，使他们在面对外语学习的挑战时保持自信。但这种自我也可能成为学习者学习新语言的障碍，因为它可能导致学习者过于保守，不愿接受新的语言结构和文化概念。

根据文化适应理论，决定第二语言习得成功与否的核心因素是学习者与目的语文化之间的社会距离和心理距离。这些距离因素可以限制或增加学习者与目的语言的接触，从而影响其对语言输入的吸收能力。在不太理想的学习环境中，如果学习者与目的语言社区社会距离过大，他们可能只能获得有限的语言输入。与此同时，如果心理距离较大，学习者可能会在情感上受到影响，例如，学习者可能会经历语言和文化冲击，感到紧张，难以设置正确的学习动机。在这种情况下，即使学习者能够接触到一些语言输入，由于情感过滤的作用，他们也可能难以有效地将这些输入转化为摄入，从而影响习得效果。因此，在这样的学习环境中，教育工作者需要格外关注两个核心问题。第一，如何帮助学习者应对语言和文化冲击，以及如何选择合适的学习动机。第二，如何帮助学习者跨越因对目的语言和文化存在陌生感而产生的语言自我的心理屏障。

二、文化适应与翻译注意事项

根据文化适应理论可知，决定第二语言习得成功与否的核心因素是学习者与目的语文化之间的社会距离和心理距离，这一理论同样对翻译活动有着深远的影响。在翻译过程中，翻译者不仅仅是语言的转化者，更是文化的桥梁。如何在源语言和目的语之间建立这座桥梁，大多数时候取决于翻译者与源语言和目的语文化之间的社会和心理距离。

一方面，社会距离涉及翻译者与两种文化间的接触程度和亲近度。如果翻译者与某一文化的距离太远，他就可能无法完全理解那一文化中的文本的真正内涵，或可能会遗漏掉某些与特定文化背景紧密相关的信息。因此，当社会距离过大时，翻译的准确性和生动性可能会受到影响。

另一方面，心理距离涉及翻译者对源语言和目的语文化的情感态度和认知状态。当翻译者对某一文化有偏见或误解时，他可能会不自觉地在翻译中添加或减少某些信息，导致翻译结果失去公正性或原意被扭曲。而一个与目的语言文化情感上距离较近的翻译者，更容易理解和传递文本中的细微情感和深层次的文化内涵。因此，为了在翻译中达到最佳效果，翻译者需要努力缩小与源语言和目的语文化的社会和心理距离。这意味着翻译者不仅要深入学习和体验两种文化，还要保持开放和客观的态度，努力克服自己的文化偏见和误解。同时，翻译者还应了解目的语读者对源语言文化的认识，避免翻译不当造成文化冲击现象。

（一）译者应对源语言文化有系统、清晰的认知

以往谈到对译者文化素质的培养，强调的往往是加强译者对目的语文化的认知，忽视了培养其对源语言及源语言文化的认知。实际上，这是一个误区。对于译者来说，对源语言文化的清晰、系统的认知不仅是增强翻译能力的关键，还是证明自身文化身份的基石。在翻译的过程中，译者不仅是语言的传递者，还是文化的传播者，因此，对源语言的深刻理解显得尤为重要。

在翻译实践中，对源语言的深入了解和对比将帮助译者避免不必要的负迁移。这种迁移通常是由半欧化思维造成的，而对源语言文化的深刻理解则

是克服这种思维的关键。毕竟，只有当译者真正理解了自己的文化，才能把传递信息和推广工作做得更好。为了实现这个目标，译者可以从宏观角度出发，对比中西方的语言和文化。这不仅可以增强其对自身文化特点的理解，还能帮助他们了解中西方思维的差异。更具体地说，译者可以从两种语言的篇章结构、句子结构以及词汇层面出发进行深入的比较，这种细致地对比将帮助译者从一个外部的、相对客观的视角来看待自己的语言和文化。

（二）译者应加强对目的语语言文化的了解

翻译不仅仅是从一种语言到另一种语言的简单转换，更是文化与文化间的沟通。尽管对目的语文化有初步了解是很多译者的基础出发点，但为确保更高效、精确的翻译输出，译者必须对目的语文化有更深入的了解。无论一个译者有多么熟悉母语，如果他不能充分理解目的语文化背后的价值观和社会习惯，那么他的翻译也就不能确保完全正确。

许多译者在翻译过程中，常常不自觉地将自己的文化观念和语言结构投射到目的语上，因为这些是已经被他们内化了的思维方式。但过分的民族中心主义或过度依赖字面意义都有可能导致意义的偏离。例如，"走好"这句话，如果按照字面翻译的方法进行翻译，可翻译为"Walk well"，但这种翻译只会让目的语读者感到疑惑，因为在目的语文化中，没有"Walk well"这种说法；在文化语境中，"走好"与目的语中"Good-bye"的语用效果更为接近，因此可翻译为"Good-bye"。由此可见，译者必须加强对目的语语言文化的了解。

（三）译者应了解目的语读者对源语言文化的认知

在开展翻译活动的过程中，译者不仅要深入了解源语言文化和目的语语言文化，还要了解目的语读者对源语言文化的认知程度，只有这样，才能避免发生文化冲突或误解，并为受众提供清晰、真实的信息。例如，"生米煮成了熟饭"这句谚语可翻译为"The rice is already cooked."和"The rice is already cooked and it can not be uncooked."。从源语言的文化视角看，这是一个充满感情色彩和文化深度的表达。但对于身处目的语文化中的读者来说，由于对中国文化了解的不足以及语言差异，他们可能无法理解这一表达背后的情感和隐含意义。正如在英语中，"rice"这一词汇无法分辨其生熟状态，因此单纯的直译为"The rice is already cooked."无法表达"事已至此"的无奈感，很容易导致信息丢失或造成误会。相反，"The rice is already cooked and it can not be uncooked."在保留原文意象的同时，提供了更多的文化背景和情感色彩，很好地体现出了那种"无可奈何"的感觉，使受众更容易理解并感受到其背后的含义。

第三节 文化传播与翻译

一、文化传播理论基本认知

（一）文化传播的概念与内涵

用"传播"一词研究文化现象的方法最早见于泰勒的著作《原始文化》，在这本书中，"传播"的概念不仅仅涉及文化的迁移，还包括文化传递、扩散与分布等多个层面。这一著作出版之后，西方的社会学家、文化人类学家以及民族学家纷纷效仿泰勒，开始采用"传播"这一词汇。其中，不得不提的是德国的文化圈学派和英国的传播学派，它们都视"传播"为其理论体系的核心概念。

德国的文化圈学派和英国的传播学派对文化传播的研究十分深入，尤其是对于不同社会的文化相似性有浓厚的兴趣。他们试图通过这种相似性来解释一个重要问题：一个文化特质或元素如何从一个社会、地区或民族传播到另一个社会、地区或民族。令人意外的是，他们的研究最终走向了一种极端，即认为所有人类文化均源于单一的中心，而其他地区的文化则是这一中心文化的传播结果。与此相对的是，美国的历史学派持有的文化相对主义的观点，他们采用历史主义的方法探索每种文化如何植根于其社会基础，并如何受到其他文化的影响。

到 20 世纪 30 年代后期，随着新学科的兴起，文化传播的概念得到了进一步的拓展和深化。爱德华·萨丕尔（Edward Sapir）和露丝·本尼迪克特（Ruth Benedict）视文化为个体心理的产物，认为文化实际上是人的内在思想和情感的外部表现。① 另外，以莱斯利·怀特（Leslie White）等人为代表的新进化论者还从符号学出发，将文化定义为一种符号行为，认为文化是人类赋予事物或事件特定意义的方式。这不仅体现了人类的创造力，还是区分人类与其他生物的一种重要标志。② 从这个意义上，可以认为，文化是由符号和意义组成的复杂体系。

早期的文化传播研究，如文化圈学派和文化历史学派的研究，将文化传播简化为文化特质和元素的机械转移，缺乏对背后心理因素的探索。这种简单的视角使文化民族心理学派和符号相互作用论应运而生。这些新兴学派，借鉴了萨丕尔和本尼迪克特等人的理念，强调文化的象征性和其在社会关系互动中作为一个信息系统的角色。他们认为，人们不仅能在文化传播中塑造交往的意义，还能在这一过程中重新解释和定义文化本身，进一步引导新的社会行为。根据这一观点可知，社会关系不仅为文化传播提供了平台，还深入地推动了文化的发展和传播。这种基于社会关系的文化传播视角不仅加深了人们对"文化的保存"的理解，还阐释了社会体系基于其价值观念来促进"文化的增值"的方式。

基于以上分析，笔者认为，文化传播可被定义为个体间、个体与社会以及不同社会之间关于文化信息的交流和相互作用。这不仅是单纯的信息交换，还涉及深层的价值、信仰和知识的传递。文化传播学这一学科则关注于如何研究和解读这一复杂的社会文化信息系统以及其背后的规律。它致力于深入分析这一系统的构造、功能、运行过程以及各部分之间的互动关系，旨在解决其中出现的障碍和隔阂，确保信息流动的顺畅性。例如，爱德华·霍

---

① 萨丕尔.语言论言语研究导论纪念版[M].陆卓元,译.北京：商务印书馆,2017：191-203.

② 怀特.文化科学人和文明的研究[M].曹锦清,等,译.杭州：浙江人民出版社,1988：376-386.

尔(Edward Hall)的跨文化交际理论便研究了如何克服文化差异带来的沟通障碍。此外,为了实现文化信息的良性循环,文化传播学也在寻找那些能促进社会健康发展的机制和策略。

(二)文化传播的要素

文化传播作为一种复杂的社会现象,具有五个关键组成要素,它们共同塑造和推动着文化信息的流动,如图2-2所示。第一,传者,作为传播过程中的原动力,代表原文化,他们不仅创建并传递文化内容,还是确保其深层意义能够准确传达的关键角色。第二,受众,文化传播的接收方,他们对接并解读来自传者的信息,进而形成自己的文化理解。这一过程无法脱离第三个要素——媒介,它作为技术和方法的载体,为传者和受众之间的文化交流提供途径与平台。

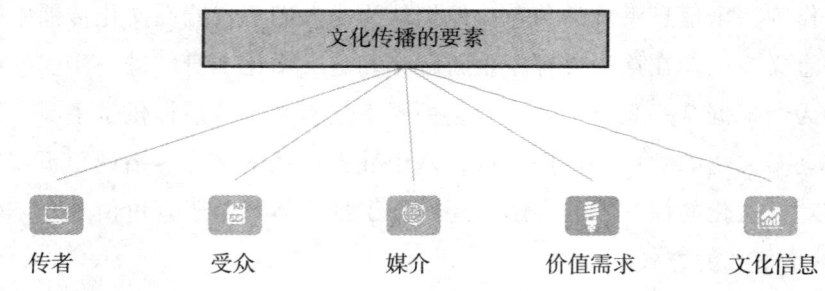

图2-2 文化传播的要素

然而,单纯的信息交换并不能构成真正意义上的文化传播。传者和受众还有自己的价值需求,即他们在交流过程中所持有的价值观、期望和标准。这一要素强调了文化交流的双向性,既有输出,也有输入和反馈,这也是文化传播的第四个要素。最后,文化信息,其本身作为一种资源,是传者想要分享的内容和受众想要接受的内容,这一要素涉及各种形式的文化表达,如艺术、信仰、知识等。

文化分享和控制在文化传播的过程中占据核心地位。传者在传达文化信息时,需要对自身的文化形象进行适当的调整,确保其能被受众接受。这需要有策略地进行分享，有意识地控制信息的传递，确保达到预期效果。而受众则需要具备对接入文化进行筛选、判断和吸纳的能力，以确保接收到的文化能够和自身现有的文化结构和谐共存，促进社会文化的进一步发展。

（三）文化传播的条件

文化传播并非随意或偶发生的，而是基于特定的前提条件的。这些条件是确保文化能够为其他社群所理解、接受和传承，从而实现文化传播的前提。具体分析，文化传播的条件主要包括四个方面的内容。

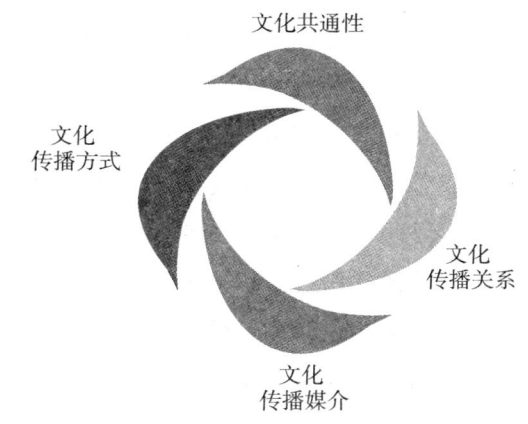

图 2-3　文化传播的条件

1. 文化共通性

文化价值的共通性决定了其在不同文化背景中的接受程度。一种文化的普遍价值是其能够为其他文化群体所接受和欣赏的关键。这种共通性，或称兼容性，意味着这种文化不仅在其原始的地理和文化背景中具有价值，还能在其他不同的文化环境中找到其价值和意义。这种兼容性和适应性确保了该文化在被介绍到新的环境时，能够被受众理解、接受和传承。然而，需要注意的是，不是所有文化都具有这种高度的共通性。有些文化，可能由于其过于特殊的地域特色或价值观，而传播受限。但即便如此，在传播者推广和传播某一文化时，仍然可以通过强调其与其他文化的共通性，以及选择、创造合适的传播渠道和环境等方式，来增加其在更广泛领域的公众吸引力和影响力。

2. 文化传播关系

传播关系作为影响文化传播的重要因素，深植于人类的社会结构之中，构成了文化传播的基础。文化传播不是一个单纯的信息传递过程，而是一个通过人们之间的社会交往来完成的复杂过程。这种社会交往基于人们各种生活、生产和交往活动，可以在人与人之间建立起丰富多样的关系网络。这种关系网络为文化传播创造了一个复杂、动态的环境，如一个织网，既纵横交错又上下重叠，形成了一个多维度的系统。进一步深入地分析，可以发现，这种传播关系可以被具体地描述为各种人际关系网络。在每一个社区、城市或国家中，都存在着一系列的人际关系网。每个网都是文化传播的小舞台，它们相互连接，共同构成了一个更大、更复杂的文化传播体系。家庭、朋友圈、学校、职场和社交平台等都是这种关系网络的具体体现。

不仅如此，文化传播关系还跨越了国家和地区的边界。国与国、地区与地区之间，也存在着密切的交往和联系。这种跨文化的交流，更加凸显了文化传播关系的重要性。因为在这种交流中，文化不仅仅是在本国、本地区内部传播，还跨越了国家、文化和语言的边界，与其他文化相互碰撞、交流和融合。然而，文化传播的频率和效果往往与这些关系的活跃程度成正比。当一个国家或地区的人际关系活跃、开放，与外界交流频繁，其文化的传播力和影响力自然更强。相反，那些封闭、守旧的社区或国家，它们的文化交流和传播则可能受到限制，难以受到广泛的认同。

3. 文化传播媒介

媒介对人类社会活动的进行是至关重要的。得益于媒介的介入，人类的交流和创意变得更为高效和有突破性。这种突破性不仅仅体现在日常行为中，还在于文化的理解、传递和传承方式上。任何一种文化都不是孤立存在的，都需要特定的载体来完成其传播，在这个过程中，文化传播媒介发挥着不可替代的作用。

文化传播媒介可以被细分为物化媒介和人化媒介。物化媒介主要指具体的物体，如古籍、建筑和艺术品等，它们是文化形态和特色的有形承载物。这种有形的文化传播方式使文化得以跨越时空的障碍，从古至今传承下来。而人化媒介则包括语言、思想、习惯、信仰和情感等，代表了文化的观念与情感表达。随着时间的推移，文化传播的物化媒介也在不断地进化。从最早的结绳记事到书信的传递，再到如今的数字信息高速公路，载体从实物到无形的信息，反映了人类文明的不断进步。特别是当代社会，随着广播、电视和互联网等现代媒体的兴起，文化传播的速度、范围和深度都得到了前所未有的提升。这种变革不仅仅是由于技术的进步，更是由于文化市场机制的建立和完善，使文化交流变得更为自由、多元和普遍。

虽然报纸、杂志、广播、电视和互联网这些物化媒介在文化传播中发挥了关键作用，但它们的传播方式往往是对文化的简化、抽象和静态化。这种传播方式可能导致对文化的片面或失真理解，难以全面呈现文化的真实面貌和生命力。反观人化传播，即人际交往中的文化传播，它可以呈现出文化的活力和真实性。人本身就是文化的生动体现，反映了特定文化背景下的价值观、信仰、传统和行为模式。在人际交往中，特别是在跨地域和跨文化的交往中，语言、思维和行为都是文化特征和内涵的直接反映。这样的交往不仅可以有效地传播文化，还有可能催生新的文化形态。这种交往中的文化碰撞可能会引发价值观等方面的冲突，但也为不同文化的融合创造了条件。这种融合可以促进文化的整合、升华和超越，推动文化创新和演变。

4. 文化传播方式

文化传播方式是多种多样的，根据不同的研究角度有不同的划分根据和标准，也有不同的结论。接下来笔者将从文化传播的状态和形式两方面出发对文化传播方式进行论述。

（1）自发传播与自觉传播。文化的自发传播与自觉传播，是根据文化主体的状态来划分的文化传播方式。自发传播更多是无意识的行为，它的特点是不经意、无计划和无目的。这种传播是无心的、非目的性的，但仍能在无形中传递文化的信息。例如，当一个人因为工作或其他原因进入一个与自己文化背景截然不同的国家或地区时，其日常行为、语言使用、饮食习惯等，都可能成为文化的载体，向当地人传递关于其文化背景的信息。传播过程中，传播者并没有明确的宣扬或推广其文化的意图，但其行为和生活方式却在无形中起到了这一作用。

与自发传播形成鲜明对比的是自觉传播，它是有目的、有计划的文化传播行为。在这种传播过程中，传播者对自己的传播行为有明确的认识，往往会采用一系列策略来使传播效果达到最大。近代的西方传教士在中国的传教活动就是一个典型的例子。他们不仅传播宗教信仰，还传播西方的文化、科技和思想。同样，在当代，随着经济全球化进程的推进，许多国家通过广播、电视、网络等多种手段，在国际上传播自己的文化。这种传播方式不但有明确的目标，而且往往伴随着一系列的策略和手段，以确保信息的有效传达。

（2）单式传播与复式传播。单式传播与复式传播是根据文化传播的具体形式来划分的文化传播方式。单式传播是一种简单的文化传播模式，可以理解为线性的信息流转。具体来说，指文化信息从一个点被传递到下一个点，可形成一种线性链条的传播方式。例如，从A到B，再从B到C，然后从C到D，以此类推。这种模式可以被视为一个"接力赛"，每个参与者将文化的"接力棒"传递给下一个。但需要指出的是，尽管这种模式在理论上存在，但在实际的文化传播中，纯粹的单式传播是相对少见的。文化信息的流转往往不会这么简单。

复式传播则更为复杂，涉及多种传播路径。这种传播模式可以进一步分为横向传播和竖向传播。其中横向传播也被称作波式传播。这种传播形式如同水波，文化信息从中心点向外扩散，被周围的人群接收。这样，一条文化信息可以被多个人同时接受，并由这些人再次扩散给更多的人。这种传播方式形成的图像如同波纹在水面上扩散，持续而广泛。竖式传播或称传播，这种方式是从上至下的传播，经常在固态的社会体系或组织结构中出现。例如，在一个组织或公司中，高级领导可能会先接受一个文化信息，然后将这个信息传递给下级，直到所有成员都接收到这一信息。这种传播方式往往与社会的等级结构或组织的层级有关。波式和根式传播在实际生活中经常同时存在，相互交织。这种相互交错的模式使各种文化信息得以在不同的维度上进行流动和接触，增强了文化的生命力和影响力。

二、翻译促进文化传播的相关理论与实践

（一）翻译促进文化传播的理论支撑

接下来本节将结合前文所描述的文化传播的相关理论知识，探讨翻译能够促进文化传播的原因。

（1）传者。在文化传播中，传者创建并传递文化内容。翻译为传者提供了一种机制，使其能够跨越语言和文化的障碍，确保深层的文化含义能够被准确地传递给不同的受众。没有翻译，传者可能只能将信息传达给同种语言和文化背景的人。

（2）受众。翻译使原本可能难以理解或完全无法理解某种文化信息的受众可以接触和理解这些文化信息。例如，一个不懂中文的人，通过翻译，可以欣赏和理解古典中文诗歌之美。

（3）媒介。在现代社会，多种媒体平台，如书籍、电影、音乐、新闻和互联网，都依靠翻译来扩大其受众范围，增强自身国际影响力。例如，许多外国电影可以通过翻译成不同的语言，在全球范围内播放。

（4）价值需求。文化交流是双向的，受众也有其价值观和期望。翻译可以帮助受众更好地理解和评估外部文化与自己的价值观之间的差异和联系，从而实现更深入的交流和理解。

（5）文化信息。不论是艺术、信仰还是知识，只有通过翻译，这些文化资源才能真正流动到其他文化和社会中。例如，古希腊哲学或东方的冥想技巧，都是经由翻译被介绍给其他文化，并对其产生深远影响的。

翻译作为一种跨文化交流的工具，在文化传播的每个组成要素中都发挥着十分重要的作用。

(二)翻译促进文化传播的途径

翻译在促进文化传播中扮演了关键的角色。通过翻译,不同的文化、信仰和知识得以跨越语言和地域的障碍,达到更广泛的受众。以下是翻译促进文化传播的主要途径。

1. 文学翻译

文学,作为每个文化的灵魂,承载着一个社会的历史、信仰、情感和价值观。诗歌、小说和剧本等文学作品中被深深植入了各种文化信息,这些作品通过翻译赋予全球读者以沉浸式的文化体验。文学翻译不仅仅是语言文字的转换,更是对深层文化含义、情感和节奏的精准传递。一个成功的文学翻译可以让读者跨越语言和文化的障碍,真正进入原作的情境之中,感受原文中蕴含的情感和审美体验。这样的传播不仅增进了不同文化之间的交流,还打破了地域和语言的隔阂,让全球读者共同参与其中。

2. 学术翻译

学术领域是知识创新和思想交流的前沿。学术文章、研究报告和专著是学者探索未知、总结经验和分享发现的载体。然而,语言往往会成为知识交流的障碍。学术翻译的任务是打破这一障碍,为来自不同语言背景的学者提供一个共同的讨论和研究平台。精准的学术翻译不仅确保了原始研究的真实性和准确性,还为跨文化、跨领域的学术合作和对话创造了可能。这种合作和对话促进了科学技术和人文社科的进步,加速了全球知识的积累和传播。

3. 技术和商务翻译

在经济全球化的背景下,技术和商务活动已经超越了国界。技术手册、产品描述和商业合同等文档成为跨国公司等组织间沟通的关键工具。技术和商务翻译旨在确保这些文档的信息在不同文化和语言环境中保持一致和准确,从而使技术合作、商业交易和市场扩张更加顺畅。一个高质量的技术或商务翻译可以为企业带来巨大的经济价值,并能避免因文化和语言差异引起的误解和争议,同时帮助企业在新市场中建立品牌形象和声誉。

4. 旅游和文化交流活动翻译

随着经济全球化步伐的不断加快,人们对外国的好奇心也日益增强,这让国际旅游和文化交流活动受到了前所未有的关注。在这种背景下,翻译在旅游业和文化活动中发挥了不可替代的作用。不论是导游为外国游客所做的现场解说,还是旅游手册中的详细信息,翻译都为游客提供了一座桥梁,帮助他们跨越语言和文化的障碍,更加深入地了解和欣赏一个地方的历史、文化和风俗。此外,当地的文化节庆、艺术展览和表演等活动,通过翻译的介绍,不仅能让外国游客在物质上得到满足,还能丰富其精神生活。

5. 影视和音乐翻译

影视作品和音乐作为最具感染力的艺术形式,是文化传播的主要途径之一。不论是好莱坞电影还是东方的音乐,借助字幕、配音等的翻译,都能迅速地在全球范围内传播,获得更广泛的受众。翻译不仅可以保存作品的原始情感和意境,更重要的是,它还为不同文化背景的观众提供了共鸣的途径,使他们能够跨越文化差异,共享这些作品带来的艺术享受。这种跨文化的交流进一步加深了人们对不同文化的理解和欣赏。

6. 在线平台和社交媒体翻译

互联网的崛起改变了文化传播的方式和速度。在线平台和社交媒体已成为现代人获取和分享信息的主要渠道。随着机器翻译技术的进步,如谷歌翻译、DeepL 等工具的开发,在线内容可以被实时翻译成多种语言,这使信息能够迅速地传播到全球各地。新闻、文章,甚至是普通人的日常分享、评论,都可以被全球用户看到和理解。自如的交流方式为人们提供了与不同文化背景的人交流、交往的机会,进一步促进了经济全球化和跨文化的互动。

第四节　文化身份认同与翻译

一、文化身份理论基本认知

（一）主要内容

文化身份理论探讨了个人在跨文化交往中应如何妥善处理文化身份的问题。这一理论重视主观经验和个人对行为的解读。它认为，一个人的文化身份是由构成特性（包括标志、解释和意义）与规范特性（包括行为指向和行动能力）相互交织和整合而形成的。该理论提倡开放心灵，强调人们不仅要关注自己的行为，还要能够对这些行为进行自我解释。这种方法的优势在于具有较强的启示性和其高效性，这意味着交际的结果与对交际行为的评估是一致的。

在探讨跨文化交往中应如何恰当地处理文化身份这一问题时，该理论提出了六大前提假设、五个核心规律以及一个核心命题。随着时间的推移，这一理论也受到了批评理论视角的影响。这一理论为人们提供了一个框架，帮助人们理解在跨文化交往中如何更好地认识和处理文化身份，从而使跨文化交流更为和谐。

1. 六大前提假设

（1）话语中的多元身份协商。在交往的过程中，话语是人们协商身份的核心工具。多元身份协商不仅是一种了解彼此的方式，还是对"我是谁"和"你是谁"的共同探讨。由于人们的价值观存在差异，话语中所展现的多元文化身份和各自身份的重要性往往有所不同。这种差异反映出个体与群体文化身份的深度。例如，当涉及种族、民族、社会阶层、性别或宗教时，人们的行为和言语都在某种程度上体现着与这些身份相关的观念。而只有当交流中的行为确实反映了某一文化群体的特点时，文化身份才能真正得到体现。

（2）跨文化交际中的身份承认。跨文化交际依赖于交际双方对彼此多元文化身份的判断和认知。每个参与者都带有多重的身份背景，这些背景包括但不限于其所属群体的意识形态、宗教信仰或对种族的态度。为了进行有效的跨文化交际，人们应避免因这些身份发生的潜在冲突，如种族、宗教或意识形态的差异。交际双方需要采取策略，主动寻求共性，并对彼此的多元文化身份给予认可。

（3）跨文化交际的核心能力。成功的跨文化交际不仅仅是言语的交流，更涉及在沟通中信息的连贯性、对适当交际规范的遵循以及积极的沟通结果。这意味着参与者不仅要确保信息传递的准确性，还要确保双方都能理解和接受这类信息。这需要人们从对方的角度出发，寻找共同点，同时尊重彼此差异，以确保交流的效果达到预期。

（4）跨文化交际中对意义规则体系的共识。在跨文化交际中，建立一个共同的意义规则体系是至关重要的。这意味着双方不仅要能理解彼此的语言或非语言符号，还要能为这些符号赋予相同或相似的意义。成功的跨文化交际不只是在传递信息，还能达成一个正面和有意义的结果。通过商定一个共同的意义规则体系，交际双方可以更好地理解彼此，避免误解，从而实现更为流畅和高效的沟通。

（5）文化身份的确认与共同符号系统的挑战。确认文化身份在跨文化交际中至关重要。这意味着交际者必须被与其拥有共同符号系统和行为规范的群体认可，并他的身份也被接受。在交际过程中，准确地界定和确认双方的文化身份有助于避免误解和冲突。然而，多元文化身份给交际者带来了额外的挑战。每一种文化都有自己独特的符号系统，包括语言、手势和其他非语言行为。因此，为了实现有效的跨文化交际，双方必须在符号意义系统上达成一致，才能确保信息的正确传达。

（6）文化身份的动态变化。文化身份不是固定不变的。它会因各种因素，如广度（文化身份的整体特点）、显著度（文化身份的重要性）和强度（文化身份给交际对方的印象）变化。从个人的角度来看，人们在不同的环境和背景下可能会强调不同的文化身份。这些身份的显著度和重要性会随着环境的变化而发生改变。这也意味着在不同的交际背景和情境中，对文化身份的强调和体现可能会有所不同，这进一步凸显了文化身份多元化的重要性。

2. 五个核心规律

（1）规范、意义的差异与跨文化度。当语篇中的规范和意义存在明显的差异时，交际所涉及的文化差异也会较大。这种差异可能源于不同的文化背景、信仰、习惯等。因此，为了有效地进行跨文化交际，双方都需要具备更高的文化敏感性和适应性。

（2）跨文化交际能力与跨文化关系。一个人如果具有强大的跨文化交际能力，那么他在建立和维护跨文化关系时加为得心应手。这是因为他能够更好地理解、适应并尊重不同的文化和习惯，从而与不同文化背景的人建立深厚的联系。

（3）文化身份差异与跨文化程度。在交际中，双方的文化身份存在较大差异，会增加交际的跨文化程度。这需要双方做出更多的努力，以确保信息被准确传达并被正确理解。

（4）文化身份认定的契合度与跨文化交际能力。在跨文化交际中，当双方对彼此的文化身份有清晰、准确的认识，并且这种认识与各自自身的文化身份认知高度吻合时，他们就具备很强的跨文化交际能力。

（5）文化身份相关语言的变化。与文化身份相关的语言表达和指称不是固定不变的，它们会根据不同的情境，如交际双方、环境背景和讨论话题的变化而发生变化。这反映了语言与文化是相互影响、相互融合的。

3. 一个核心命题

文化身份理论中的核心命题是个体应如何确定自己的文化身份，并在与其他身份比较时，强调其核心地位。这一命题关乎人在评估自己的文化定位时所进行的相对性思考。当人们思考自己的文化身份时，他们并非只基于自己的内在认知或经验来做决定的，而会在一个更广阔的范畴中，将自己与其他文化和身份进行比较。

例如，来自某特定文化背景的个体在与其他文化互动时，可能会更加珍视自己的文化特质。与不同文化背景的人互动时，他们的文化身份可能变得更加明显，因为这是他们的独特之处。此外，文化身份是动态的，会随着时间、经验和交流而改变。在这一过程中，与其他身份的比较起到了关键作用，它不仅能帮助个体深入了解自己，还能使其更加珍视自己的文化特色。

（二）文化身份与文化认同

很多学者也把"文化身份"译为"文化认同"，这是因为人们通常把文化身份看作某一特定文化所独有的，或某一具体的民族与生俱来的一系列特征。与此同时，文化身份也被赋予了结构主义的属性，这意味着一个特定的文化是由一系列互相关联的特质构成的。因此，"身份"被视为一种观念，凸显了某种文化的独特结构和特点。因此，本书中，笔者并不对身份与认同进行严格区分，而将两者视为可以互换的同义词，并统称为身份认同。

文化身份认同是一个深入的自我反思和确认过程，个体在与文化背景和所属群体的相互作用中逐渐找到自己的定位。这种认同不仅是纯粹的自我认知过程，还涉及与外部文化的归属感和亲近度。每个人都沉浸在某种文化中，它为个体提供了一套理解世界的逻辑和框架。随着时间的流逝，这些文化元素成为个体身份的核心部分，影响其思维方式、行为模式和情感反应。因此，文化身份不仅仅关乎一个人的来处，更是关于个体如何定义自己、如何看待世界以及如何在各种文化环境中找到自己的位置的指针。

在当今发展跨文化交际的背景下，文化身份认同显得尤为重要。当个体与不同文化背景的人进行交往时，其文化身份常会被强调或凸显出来。语言，作为文化的直接反映，既能揭示个体的文化习俗，也能体现其深层的价值观。因此，在跨文化交往中，人们不仅是在交换信息，还是在确认各自的文化身份。如今，理解并尊重他人的文化身份是建立和维护跨文化关系的基础，同时，对自身文化身份的认知也是自我发展和成长的关键。

二、文化身份认同与翻译策略的选择

文化身份认同与翻译策略的选择之间存在密切关系。翻译不仅仅是语言的转化，更是文化的传递与再造。当翻译者面对文本时，其文化身份认同无疑会影响其对文本的解读和对翻译策略的选择。

（一）文化背景和预设知识

文化背景是翻译者认知的基石，它为翻译者提供了一种独特的看待世界的视角。每个文化都有其独特的历史、价值观和习俗，这些文化元素影响了个体的认知结构。当翻译者面对一个文本时，他们的文化背景和预设知识就像一把筛子，决定了他们解读源文中信息的方式。例如，一句英语中的"knock on wood"对西方人来说是一种避邪的习俗，而对其他文化背景的人来说就可能不太容易理解其真正的含义。因此，文化预设知识使翻译者更容易理解和接受与自身文化背景相符的信息，而对其他文化的某些信息则可能产生误解或忽视。翻译者在面对这种情况时，需要深入了解源文本的文化背景，才能更准确地传达信息，避免文化误读。

（二）文化中介者的角色

翻译者在跨文化交流中起到的是桥梁的作用，他们是文化传递的关键。因此，翻译者不仅要深入了解源文本的文化，还要考虑目标文化的特点和读者的接受度。在这个过程中，翻译者可能会面临一系列的选择。例如，当把一个关于中华传统节日的文章翻译成英文时，翻译者是选择直接翻译节日的名字，如"中秋节"翻译为"Mid-Autumn Festival"，还是用更能被目标文化接受的方式，如"Chinese Moon Festival"。这些选择背后，其实是翻译者对两种文化的权衡和调和。他们需要思考如何在保持源文本信息完整性的同时，使译文更容易为目标读者所接受。

（三）文化冲突和调和

翻译过程中经常会遇到源文本与目标文本之间的文化冲突。这些冲突的发生可能源于两种文化之间的差异，也可能源于翻译者的个人文化背景和价值观。当翻译者遇到这种情况时，他们需要做出选择：是忠实于源文，还是考虑目标读者的感受。例如，在一些亚洲文化中。对年龄可能会直接描述，如提及某人"上了年纪"，而在西方文化中，这样的描述可能会被认为是不礼貌的。翻译者在处理这种冲突时，可能会选择更为委婉的表达方式，如"mature"或"of a certain age"。这种选择背后，反映了翻译者调和两种文化的差异的努力，以及他们对目标文化的尊重和理解。

（四）目标文化接受度

目标文化的接受度在翻译过程起着决定性的作用。翻译的终极目标是确保译文在目标文化中能被正确、流畅地理解。为了实现这一目标，翻译者必须具备对目标文化的深入了解，并能够有效地预测受众对译文的接受和反应。例如，某些在源文本中被视为普通或习以为常的表达，在目标文化中可能被认为是模糊的、具有误导性的，甚至是冒犯的。例如，如果将中国的"千层饼"直译为"thousand-layer cake"，可能会让西方读者感到困惑，因为他们可能会以为千层饼是真的有上千层的蛋糕。因此，了解目标文化的接受度并将其纳入翻译策略选择中是至关重要的。这也涉及翻译者如何看待和认同自己的文化身份，因为这将影响他们如何评估目标文化的特点和人们的需要，并据此做出相应的翻译决策。

（五）情感投射

情感在任何语言和文化的传播中都起着关键的作用。翻译者的文化身份认同、其背后的情感和价值观，可能会在无形中影响他们的翻译选择。这种情感投射可能会导致翻译者在译文中不自觉地增加、删减或强调某些内容，以反映他们自己的情感和看法。例如，对于描述家庭纷争或冲突的场景，来自和睦家庭背景的翻译者可能会在翻译时无意识地减轻语气，使其听起来不那么尖锐。而另一位有不同背景的翻译者可能会选择更直接、更原始的描述。又如，在描述某一历史事件时，如果翻译者与该事件有深厚的情感联系或特定的文化背景,他们可能会在翻译时更加小心,避免使用可能引发争议的词汇或表达。这种情感投射不仅是翻译过程中的挑战,还是翻译者需要不断自我审视、自我校正的地方。确保译文的客观性和准确性是每个翻译者的责任,但同时,了解和认识到自己的情感投射也是提高翻译质量的关键。

第三章　语言文化因素对翻译的影响

第一节　语言与文化的关系

一、语言对于文化的作用

（一）语言记录、推动文化的发展

语言，作为一种独特的符号系统，反映了其使用者的文化和历史背景。人们在交往中使用语言时，实际上都是在传递和分享文化信息。这是因为语言中所蕴含的意义不仅仅是表面上的文字或声音，还承载了文化背景和历史情境的相关信息。每一种语言的构成元素，如词汇、语法规则和说话方式，都是在特定的文化背景下逐渐形成的，这些元素记录了人类过去的经验和知识。例如，某些词语可能只存在于某一种语言中，因为它们描述的是那个文化中特有的事物或概念。这些特定的词语和表达方式都是文化遗产的重要组成部分，是人类历史和文化发展的见证。

另外，语言与文化是相互影响的。随着社会、科技和经济的发展，语言中会出现新的词语和表达方式，这些新的元素是对新事物和新观念的反映。与此同时，旧的、不再使用的词语和表达方式也会逐渐消失，这代表文化的某些方面已经发生了变化。这样看来，语言不仅是文化的记录者，还是映照

其变革的镜子。观察和研究语言的演变,可以追踪和理解文化的发展轨迹和趋势。

(二)语言促进文化的传播与交流

1. 语言的特性能促进文化传播

语言,作为一种独特的交流工具,具有多重特性,其中可感性、能指性和可操作性是其最为核心的三个属性。这三个属性使语言成为文化传播的最佳工具,进一步推动了文化的融合、创新和延续。

(1)语言的可感性让其成为一种直观而感性的传播工具。语言通过声音和文字,让信息以最为直接和真实的方式呈现出来。声音和文字都能够唤起人们的感知和情感,使交流变得更为生动和贴近实际。例如,故事叙述、诗歌吟咏、乐曲演奏等的感染力,都依托于语言的可感性,它让文化元素更加生动,跨越地域和时间的限制,为不同文化背景的人们所接受和共鸣。

(2)语言的能指性使文化传播的内容和方式更为丰富。每一个词语、句子或符号,都能够指代现实中的物体、情感或概念,文化在抽象和具体之间建立了桥梁。例如,当人们尝试描述一个远古的节日或仪式时,现代人即便并未亲历,通过语言的能指特性,仍旧可以构建起那个时代的情景,感知那个文化的氛围和内涵。这种以语言为基石的模拟和重建能力,让文化得以跨时代的传承和传播。

(3)语言的可操作性为文化提供了深入探讨和发展的空间。语言不仅仅是交流的工具,更是思维的支撑。它允许人们对复杂的文化现象进行分类、分析和解释,进一步发掘其深层的意义和价值。通过讨论和研究,人们得以对文化进行深入的反思和创新。例如,在艺术、哲学和科学等领域,语言的可操作性使人们能够对各种文化概念进行探索和挖掘,不断推进文化的发展和创新。

2. 语言通过两种方式进行文化传播

语言在文化传播中的角色至关重要,它为文化提供了一个动态的交互空间，使文化能够在时空中自由流动和交互。首先，语言是连接不同地域文化的桥梁，促进了文化的横向流动。在经济全球化的时代，语言各地的文化资源可以迅速地进行接触与融合，打破地域的限制。例如，某一国家的文艺作品、食品、艺术，都可以通过语言被翻译、解释和传播到另一个国家，从而被其他文化圈的人们接纳和欣赏。此外，当代的科技，如互联网，也为语言充分发挥出在文化传播中的作用做出了独特贡献，人们可以在网络上实时地分享和获取其他地域的文化资讯，这使文化的交流更为高效和广泛。

另外，语言也是文化纵向传承的关键因素。它为文化提供了一种可靠的传播工具，确保了文化遗产在时间的长河中得以保留和延续。历史上的典籍和其他重要的文化形式都借助语言得以保存下来，成为未来世代研究和学习的宝贵资料。同时，每一代人都会在这种传承中加入新的内容，使文化得以更新和进化。例如，古代的故事和传说经过时间的沉淀，逐渐成为民族的精神象征和文化认同的一部分。这些故事和传说往往通过口头传播或文献记录来实现了文化的纵向传承。因此，无论是文化的横向扩展还是纵向传承，语言都是不可或缺的。

二、文化对语言的影响

（一）文化为语言的产生提供基础

文化与语言之间关系深厚，有着千丝万缕的联系，两者的联系紧密到几乎无法割裂。从历史的角度看，文化确实为语言的产生和发展提供了不可或缺的土壤，而语言则作为文化的载体，确保其能够持续传承下去。这种相互关系使文化在很大程度上塑造了语言，而语言反过来又为文化的保存和传播提供了手段。

1. 文化与词汇的产生

文化与词汇的产生和发展，息息相关。语言中的每个词都有文化的印迹。这些词语不仅仅是表达事物或情感的工具，更是某种文化观点、价值观和历史的体现。例如，某个地区的自然环境、气候和资源的特点会影响当地的语言，使之拥有大量与之相关的词语，而其他地方可能就没有。例如，极寒地区对于"雪"有着数十种甚至上百种的描述，而热带地区可能只有寥寥几词。这是因为文化中对某一事物的关注程度直接影响了语言中与其相关的词汇的丰富程度。

2. 文化与语言规则的产生

语言的结构也是对文化观点和认知方式的一种反映。不同的文化理解事件的逻辑和思维方式不同，这种差异常在语法结构中得到体现。例如，有些文化注重因果逻辑，因此他们的语言在叙述事件时，会按照时间的先后顺序进行；而另一些文化可能更注重事件的核心，因此他们的语言可能会先强调最重要的部分，然后再详述背景。这些语法上的差异不仅仅是结构的不同，更是人们对事物认知方式的差异。

（二）文化促进语言的传承与融合

1. 文化促进语言的传承

文化的厚重背景为语言的传承创造了坚实的基石。在时代变迁中，语言因其背后深厚的文化内涵得以在新的环境中生存和繁荣。它不仅仅是一种交流的方式，更是连接过去与当下，传统与现代的重要纽带。例如，文化中节庆和习俗的传承确保了与其相关的语言元素得以流传。就如特定的食物、习俗和仪式与某一特定的节日相联系一样，与这些习俗相伴的语言表达也同样会被牢牢记住。例如，中国各大传统节日的各种特色食物的相关词语如"粽子""八宝粥""月饼"被人们熟知，与之相关的表达也能随之传承下来。它们不仅是一种食物名称或者一个简单的词语，还是一个文化符号，代表了历史、传统和集体记忆。每当这些词语被提及，它们所承载的文化和意义也就得以在新的时代中再次焕发生机。

另外，在中国，尽管推广普通话的语言政策为国家的统一和交流带来了便利，但这并不意味着各地的方言要被放弃和遗忘，相反，这些方言也应被珍视和继承。方言不仅代表着一种独特的发音，还是地域文化的集中体现。

它包含了当地的历史、故事、风俗习惯和哲学观念。虽然在日常生活中，普通话已成为人们主要的交流工具，但在家庭聚会、节日庆典中，方言仍是沟通亲情、展示当地文化的重要媒介。通过方言，一代代的人们得以与祖辈交流，进而了解和传承家族和地域的发展故事。

2. 文化促进语言的融合

在全球化浪潮下，文化间的交往和互相渗透变得前所未有得频繁，这种交往和渗透不仅体现在生活方式、思维方式上，还明显地体现在语言的交融过程中。

一方面，在词汇方面，随着国际交流的增多，各国之间在饮食、艺术、科技等领域都开始相互渗透，而这种渗透首先表现为特定词汇的引入。例如，众多的食物、饮品、艺术形式等方面的名词被引入其他语言，而这些词语的引入，使不同语言开始融合，各种文化之间相互碰撞、互相交融。随着时间的推移，这些词语已经被大多数人接受，并完美地融入了接受该语言的词汇体系中，成为那种语言不可或缺的一部分。另一方面，在语法和句型结构方面，语言的融合同样明显。受其他语言影响，一些新的句型和语法结构被引入源语言并逐渐被大众接受。例如，某些被动句型的形式变化，或者某些特定的表达方式，在经历了一个从"新奇"到"熟悉"的过程后，最终会被纳入日常的表达之中。这种融合不仅丰富了语言的表达方式，还使源语言变得更为多元和灵活。

（三）文化制约语言的应用

文化无疑是语言应用背后的力量，对为何使用、如何使用和何时使用特定的词语、句式和表达有深远的影响。下面将分点论述文化是如何制约语言应用的。

1. 文化背景与价值观

每一种文化都有其独特的产生背景和价值观念，这不仅塑造了语言的形态，还决定了语言的使用方式。例如，某些文化可能会重视尊重和和谐，因此，在这样的文化背景下，语言的使用方式可能会更委婉、避免直接冲突。

相比之下，其他文化可能鼓励坦率和直接的交流，语言的使用就可能更直接和具有冲击性。此外，某些词语和表达方式可能只在特定的文化背景下存在，因为它们代表了这种文化中的特定观念和价值。这种文化制约意味着，只有完全融入某一文化的人，才能真正理解和使用相应的语言。

2. 社交礼仪与互动模式

社交礼仪和互动模式也是由文化决定的，对语言的使用也会产生直接影响。例如，某些文化中可能存在强烈的等级观念，语言中就可能因此而存在许多表示尊敬或者屈从的词语和句式。而在更加强调平等的文化中，则可能鼓励更为平等和友善的语言交流。此外，根据社交情境的不同，语言的使用方式也会有所不同。例如，在家庭聚餐、朋友聚会、出席正式场合等社交情境中，语言的使用方式和内容都不尽相同。这种差异性并不仅仅源于语言本身，更多是受文化中对于适当行为的期望和规范的影响。

3. 生活经验与个体身份

文化不仅在宏观层面上影响语言，还通过每个人的生活经验和身份感塑造着语言的应用方式。例如，生活在高山地区的人可能会使大量描述山脉、高地和攀登等相关活动的词语，而生活在繁忙都市的人则可能会更多地使用与城市生活、快节奏工作和现代化相关的词语。这不仅仅是因为他们的生活经验不同，更是因为他们的文化身份和归属感让他们更加倾向于使用与其生活经验相一致的语言。这种语言的选择和使用方式，进一步强调了文化对个体和集体认同的影响力，以及语言在表达这种认同时所起到的核心作用。

第二节 汉英词汇差异

不同语言的词汇在继承和创新的过程中，通过相互交流与接触实现深入的融合与相互影响，并在这不断的变迁中展现出各自的独特性和多样性。而其中的差异，既反映了语言的演变过程，也揭示了文化交互的丰富性。接下来，本节将探讨汉英两种语言在词汇上的主要差异。

一、汉英词汇意义差异

汉英两种语言在形成过程中受到了地理环境、生活方式等多方面因素的影响，这些因素导致两者在对现实世界的描述和认知上存在明显的差异。这种差异使汉英两种语言在表达相同概念时往往存在意义上的偏差。从实际的翻译经验中人们可以观察到三种汉英词汇的对应模式：一是完全对应，二是部分对应，三是完全不对应。存在这些差异的主要原因是两种语言的词汇所描述对象的范围和侧重点各有不同。

（一）词汇意义部分对应

汉译英时，词汇意义的部分对应是一个常见的问题。这种差异往往源于两种语言背后文化、历史和社会习惯的不同。当汉语词汇的意义无法与一个确切的英语单词完全匹配时，这种部分对应的现象就尤为明显。例如，英语中的"aunt"涵盖了汉语中"姑姑"和"阿姨"的概念。同样，英语中的"uncle"可以指汉语中的"叔叔""伯伯""舅舅"或"姨夫"。汉译英时，为了准确传达信息，译者需根据上下文或提供额外的解释。

（二）词汇意义完全不对应

从汉译英的角度来看，汉语和英语之间有很多词语，其意义是完全不对应的。这样的词语在翻译时会带来特定的挑战，因为它们无法用一个简单的英语单词来完整表达。例如，"人情"是一个非常中式的概念，它描述了人与人之间的某种社交义务和情感纽带，这种概念在英语中并没有直接对应的单词。要准确传达"人情"的意义，可能需要采用一句话或短语，如"social obligation based on personal relationships"。

还有一些词语其内涵意义在两种语言中完全不对应。例如，"老子"在汉语中是中国古代伟大的哲学家、道家学派的创始人，他的《道德经》对中国文化有着深远的影响，是道教和道家哲学的重要经典。然而，在英语中，"Laozi"虽然指的是同一历史人物，但在西方文化的背景下，他的影响和接受度与中文环境中的"老子"有明显的差异。西方人可能更多地通过学术研究或文学引用来了解老子,而不像中国人那样,对他的哲学思想有着更为深入的理解和感悟。

二、汉英词汇类别差异

汉语和英语,作为两大世界性语言,都拥有一些基础的词类,如名词、动词、形容词、副词、代词、介词、连词和感叹词等。这种相似性为语言研究者和学习者提供了一个通用的理解框架,确保了跨文化交流的基础可通性。然而,纵观其中细节,两者在词汇类别方面还是有明显差异的。

(一)计量单位(量词)的差异

汉语的语境中,存在着一个与众不同的词类——量词,它在英语中难以找到直接对应的类别。例如,汉语中的"瓶""把""束"被用于定量名词,具体描述事物的数量或排列次序。相对之下,英语虽然没有特定的"计量单位"这一词类,但它利用其他名词来传达相似的意义,如"loaf"表示面包的一个整体,"bunch"可用来描述一束花。更进一步,英语里计量和测量的标准词汇,如"ounce"或"yard",是以名词形态存在的,与其说是计量工具或单位,不如说它们本身就是名词。相对地,汉语会把这些计量标准当作特定的计量单位来处理。

(二)情感与语气助词的差异

汉语的语境中有丰富的情感表达与语气助词,这在英语中并无直接相对的词类。例如,汉语中的"哦""呀""呢"这些词,更多是为了强化、修饰或微调说话人的情感或语气。而英语在表达相似的情感或语气时,往往采用不同的方法。通常,英语通过调整句子的语序、使用特定的短语、变化语调甚至利用标点符号来传达相应的意境和情感。例如,英语中的"isn't it?"或"right?"可起到与汉语中"呢"相似的作用,"oh!"和"ah!"这样的感叹词,也能够起到传达某种情感强度或突出说话者反应的作用。

（三）冠词/定冠词差异

定冠词"the"与不定冠词"a/an"在英语中有不可替代的作用，有助于明确名词的具体指代。例如，在一个场景中，提及"A cat is on the sofa."此时，说话者可能是在一般地提及一只猫。但如果说"The cat is on the sofa."则是在指某一个特定的猫。汉语则没有与之直接对应的词语。汉语中的特定性和不特定性大多是靠上下文或其他语法结构来传达的。例如，"书在桌子上"可以根据语境指任意的书或某本特定的书，而没有像英语中的冠词那样有明确区分功能的词语。这种结构上的差异使汉语和英语在句子的解读和构造上有所不同，尤其是在涉及名词指代的上下文中。

（四）关系代词/关系副词差异

英语中，有一些特定的词语如关系代词（如"whom""whose"）和关系副词（如"how"和"where upon"），扮演着至关重要的角色，它们的主要职责是引导定语从句，对先行词进行具体描述或补充额外信息。这些词语不仅使句子结构变得更为复杂、丰富，还增加了表达的精确性。

而在汉语中，类似的表达里却没有与英语中的关系代词和关系副词一一对应的词语。定语从句的构建更多地依赖于其特有的语法结构，例如，使用特定的连词、代词或其他修饰成分来达到类似的效果。例如，"我认识的人"或"我去过的地方"中，"的"扮演了类似于英语中关系代词或副词的角色，但它的使用方式和表达习惯与英语中的关系代词或副词存在明显差异。

三、汉英词汇形态的差异

汉语和英语在词汇形态上中明显差异。英语，作为印欧语系的语言，具有明显的形态变化。例如，英语中的词经常因在句子中的功能和语境变化而变换形式。名词的复数形态、动词的不同时态和形态以及形容词和副词的级别变化，都是典型的形态变化。这种变化不仅反映了该词在句子中的语法功能，还可以为句子提供更多的语境信息。此外，英语可以通过添加前缀和后缀，甚至改变词的核心结构，创造出新的词汇，持续丰富自身的语言资源。

例如，"happy"添加前缀"un-"，得到"unhappy"，意思完全相反；"do"添加后缀"-er"变为"doer"，表示"做事的人"。

与英语这种"重形态"特点相比，汉语则表现出"轻形态"的特点。大多数词语在使用保持其原始形态，不进行形态变化。汉语靠词序、上下文以及与之关联的词语来确定词语的具体意义和功能。例如，"书"无论是一本还是多本，其形态都不会改变，与英语中的"book"与"books"的形态变化有所不同。而汉字本身就包含了丰富的意义，这使汉语在句法结构和表达方式上相对简洁。与英语通过形态变化来描述语境和传达语法信息的方式不同，汉语更多地依赖词语组合和句子结构来实现这一功能。汉语中，多个词汇的组合可以产生全新的意义。例如，"火"和"车"单独使用时各有其意义，但组合成"火车"时，意为"train"。

在汉英翻译过程中，这种词汇形态的差异往往是译者面临的挑战之一。译者需要在保持原文意思的基础上，对源语言和目的语言之间的形态差异进行妥善的调整和处理。例如，当将英语句子译为汉语时，译者可能需要调整词序，甚至重组整个句子，以确保译文既忠实于原文，又符合汉语的语言习惯。而在将汉语句子译为英语时，译者则需要对汉语中缺乏的形态信息进行补充，以确保译文的准确性和流畅性。这不仅考验译者对两种语言的理解深度，还需要译者具备出色的语言转换能力和文化适应能力。

四、汉英词语搭配的差异

汉英两种语言在词语搭配上存在明显的不同，这种差异源于两种语言的文化背景、语言结构和表达习惯的不同。例如，英语中某个动词可能有广泛的搭配范围，可以与许多不同的名词搭配，形成多种具体的含义。这种广义的动词使用方式增强了英语表达的灵活性，让说话者或作者在不改变动词的情况下，可以通过选择不同的名词来传达不同的意思。这种特性在很大程度上提高了英语的经济性和简洁性，同时为非英语母语者带来了一定的挑战，因为他们需要从上下文中准确地捕捉到动词和名词搭配的具体意义。

相比之下，汉语则更注重词语的精确性和特定性。对英语中一个动词可能有的多种搭配，汉语可能会使用不同的动词来分别搭配，以确保其表达的意义更为具体和明确。这种做法可以使汉语的表达更为精确，但也意味着说话者或作者需要具备更丰富的词汇知识，以便在特定的语境中选择最恰当的动词。例如，英语中的"make a decision"翻译为汉语就是"做决定"或是"下决心"，此外，在英语中，"make"可以与许多名词搭配，如"make a promise""make a bed"等，而在中文中，每一个这样的表达可能都需要一个特定的动词，如"许诺"和"铺床"。

这种差异在翻译实践中尤为明显。当面对英语中一个动词与多个名词的搭配时，译者需要根据汉语的搭配习惯和上下文来选择最适当的动词；当需要将汉语中的词汇短语翻译成英语时，在考虑搭配的同时，译者还需要确保整个句子或段落的连贯性和流畅性。这不仅需要译者具备丰富的语言知识，还需要他们对两种文化的表达习惯有深入的了解。这也说明，翻译不仅仅是语言转换的过程，更是文化和思维方式转换的过程。

第三节　汉英句法差异

句法，作为语言学中的一个重要领域，与句子中各个成分的组合方式，以及这些成分如何共同形成一个结构化、有意义的语言单位直接相关。每种语言都有其独特的句法规则，这些规则定义了词汇和词组在句子中的排列次序，确保句子的信息被清晰、正确地传达。进一步说，句法不仅仅关注单个句子的内部结构，还关注如何通过连接句子来构建更为复杂的文本或话语。这涉及如何正确地使用连接词、从句和其他语法工具以确保连续的文本或对话具有连贯性和逻辑性。

此外，句法还研究句子的各种变体，如被动语态、疑问句和祈使句等，以及它们影响句子意义和结构的方式。例如，改变句子的语态可以强调或模糊某些信息；改变句子的语序，可以在某些语境中为句子强调重点或增添情感色彩。句子的层次结构也是句法研究的重要组成部分，这涉及如何将词语和短语按照特定的层次和顺序组织起来，使之成为一个完整的句子。这些层次和顺序不仅确保了句子的语法正确性,还能帮助人们确定句子中各个部分之间的关系,从而使句子的意义更为明确。

一、汉英语句基本结构差异

汉英两种语言在句子的基本结构上存在显著的差异。首先,从句子完整性的角度来看,英语句子往往追求明确、完整的结构。英语的基础句型大多围绕着主谓结构进行构建,且谓语部分通常需要一个实义动词。例如,在英语句子,"The sun shines."(太阳发光。)中主语为"the sun"而谓语动词为"shines";描述某个状态的句子——"The cake tastes sweet."(蛋糕味道甜。),有系动词"tastes"连接主语和表语;涉及更复杂的动作或情境的句子,如"The teacher reads students a story."(老师给学生读了一个故事。),有主-谓-间接宾语-直接宾语的结构。

而汉语句子的构建则更加灵活。汉语中不一定每个句子都要有完整的主谓结构,有些情境中甚至可以省略主语。例如,"下雨了"。这里的"下雨"本身就是一个完整的动作,不需要明确的主语;描述状态的句子,如"这本书很厚。","很"字就能起到强调作用,不需要像英语一样有一个系动词。汉语的特点是简洁与经济,如"花红""天冷"等都是完整的汉语句子,而英语则需要加入系动词,"The flower is red."或"The weather is cold."。此外,汉语句子的谓语部分十分多样。不只动词可以作为谓语,名词、形容词,甚至某些副词也能承担这一角色。例如,"他医生。",这里的"医生"是名词但也作为谓语,意为"是医生。"。

二、汉英句子扩展模式差异

(一)汉语句子的扩展模式

一般情况下,不同语言的基本句子结构具有不同的扩展模式。汉语句子的扩展模式有一个独特的特点,与英语等其他语言相比,汉语句子的扩展模式主要是向左发展的。这一特点在许多汉语句子结构中都可以观察到,与其内在的句法和语言逻辑密切相关。为了深入了解汉语的扩展方式，本节将通过下面这一例子说明汉语句子的扩展模式。

一个人被车撞倒了。

昨晚解放路上一个人被车撞倒了。

昨晚解放路上一个 20 多岁的男子被车撞倒了。

昨晚解放路上一个骑着自行车的 20 多岁的男子被车撞倒了。

昨晚解放路上，一个骑着自行车上街买东西的 20 多岁的男子被车撞倒了。

汉语句子结构和信息组织的特性使其呈现出向左扩展的倾向，这种特性与英语形成了鲜明的对比。汉语句子中，发生向左拓展现象的原因如下。

1. 定语前置规律

在汉语中，不论是简单的形容词还是复杂的修饰性短语，作为定语时它们几乎总是位于所修饰的中心词之前。例如"红色的苹果"中，形容词"红色"就位于名词"苹果"之前。描述更为复杂的修饰性短语，如"我读过的书"，其中"我读过的"作为定语修饰"书"，仍然位于中心词之前。而在英语中，尤其是涉及复杂的修饰性短语和从句时，定语的位置可能会出现在中心词之后，如"The books that I have read"。

2. 情境铺陈习惯

汉语的传统叙事习惯是，先从宏观的环境、背景描绘开始，然后逐渐聚焦到核心事件或对象。这种方式为读者提供了一个上下文框架，帮助读者更好地理解句子或段落的核心意义。例如："在明媚的阳光下，花儿绽放得更为灿烂"，此句先设置了一个充满明媚阳光的情境，然后转向花儿的状态。

3. 经济性原则

汉语句子的结构注重简洁和经济。修饰成分通常会被集中放在中心词之前，主要信息置于句子的后部。这样的结构方式，使句子的主题或重点信息处于一个更为突出的位置，有助于强调内容。

（二）英语句子的扩展模式

与汉语句子扩展的方向不同，英语句子倾向于向右扩展，呈现出一种开放的样态。向右扩展的原因是，英语的句法结构强调主谓宾的顺序，并有一套丰富的衔接手段，这意味着英语句子可以通过添加各种从句、短语或修饰语来继续扩展，而这些部分大多数时候都是被放在主要成分后面的。这种线性扩展方式确保了句子在结构上保持清晰并有连贯性。

另外，英语中的修饰语经常被放置在被修饰词的后面，这进一步强化了其向右扩展的特点。例如，英语中一些描述性短语、名词之后经常附有定语从句来提供更多关于该名词的信息，如"The man who wears a blue shirt is my friend."，在这个句子中，"who wears a blue shirt"是一个定语从句，提供了关于"man"的更多信息，并放在"man"的后面，这是一种典型的向右扩展的方式。

此外，英语的句子结构中可以使用连接词来连接相关的部分，以形成更长、更复杂的句子。这些连接词（如"and""but""because"等）使句子可以继续沿着主要轴线向右扩展，进而增加了句子的长度和复杂性。另外一些英语短语或句子向右扩展的例子如下。

president-elect（当选总统）parties concerned（有关各方）

consul general（总领事）court martial（军事法庭）sum total（总量）

例句 1：The firemen did everything necessary to put out the forest fire.（为了扑灭森林大火，消防队员们尽了一切必要的努力。）

例句 2：The moon is a world that is completely still and where utter silence prevails.（月球是一个声断音绝的世界，是一个万籁俱寂的世界。）

英语句子的扩展性不仅仅体现在其向右线性延展的模式上，还表现为一种向中间扩展的机制。在这种结构形式中，句子的主体部分被其他成分打断，中间插入相关信息或修饰语，这使句子呈现出一种特殊的形态和结构。从中间扩展在英语句子中是相当常见的，尤其在书面英语和正式的文体中。但这种扩展方式会让句子显得有些冗长和复杂，因为它在句子中创建了一个分叉点，将主要信息和辅助信息分离开来。例如，句子："The professor, known for his groundbreaking research, will speak at the conference."之中，"known for his groundbreaking research"是一个中分支扩展，它为"professor"提供了额外的描述，而主句的核心意义仍然是"professor will speak"。

为何英语句子会使用这种结构？因为，对于英语使用者来说，句子有三个主要的焦点位置——句首、句中和句尾，句首通常是主语的位置，给予读者或听众最初的关注点，句尾是重点或结论，留给读者深刻的印象，而句中则是信息的交织处，用于提供附加信息或修饰语。句中的地位在这三个位置中是相对较弱的，因此经常被用来插入额外的、不是非常关键的信息。这种中分支扩展在英语中是自然和流畅的，但对习惯了其他语言结构的人来说可能会有些复杂。尤其是汉语母语者，因为汉语的句子结构注重流畅性和整体性，不常在中间部分插入信息，以免使句子显得支离。

三、汉英句子语态差异

汉英两种语言在语态选择方面有明显的差异，这实际上反映了两种语言背后文化思维模式的不同。英语中被动语态的频繁使用和英国人重视对事物的客观描述不无关系，而汉语更倾向于使用主动语态，暗合中文更强调行为主体的角色和重要性的逻辑。简言之，英语的被动语态凸显了对客观事物的关注，而汉语的主动构造突出了对主体的价值认同。

（一）汉语句子的主动语态

汉语在句式结构上的特点反映了中国文化对行动执行者的强调。在汉语中，主动语态的使用率远高于被动语态，这与中华文化中的主体思维紧密相关。当听到一个事件或行动时，中国人往往最先关心的是"谁"做的，而不仅仅是发生了什么事情。这种倾向在日常交流中有明显的体现。也就是说，汉语的这种主动语态表达与文化背景息息相关。在古代的教育和道德观念中，人们认为，一切事情的发生都与行为者有关，这种观点深深地根植于中国人的思维模式中。因此，当涉及某个行动或事件时，汉语往往倾向于明确指出执行者。

当然，虽然汉语中的主动语态使用得非常普遍，但被动语态在特定情境下也会使用，尤其是在表达不愉快或并不能使人期待的事情时。但相比英语，汉语中的被动句式并不那么常见。实际上，过度使用被动句式可能会使句子读起来不那么自然例如：

书被他丢了。

门被关上了。

这两句在日常交流中可能不太常见，因为它们的表达显得有些僵硬。相反，汉语更倾向于使用主动句式来达到更加自然、流畅的效果，例如：

他丢了书。

他关上了门。

在汉语中，当行为的执行者不明确或不重要时，人们常常使用一些一般性的称呼来代替，如"有人""某人"或"别人"。但在某些情况下，汉语也可能会完全省略行为的执行者，这种表达被称为"无主句"，例如：

涨潮了。

走回去吧！

第一个句子描述了一个自然现象——潮汐的变化。在此情境下，明确指出行动的执行者是没有必要的，因为潮汐的涨落是自然规律，不需要特定的"执行者"。这也意味着在描述不由人为控制的自然事件时，汉语往往省略执行者，因为这种上下文是与执行者不相关的。这种句型可以帮助听者或读者快速捕捉到关键信息，即"涨潮"的事实，却不涉及这个现象的具体因素或背后的原因。

第二个句子是一个建议或指示，建议某人返回。在这里，"走"是动词，"回去"是方向补语。但是，句子中并没有明确的执行者，即没有指明"谁"应该走回去。这是因为在实际的语境中，这个句子可能是直接对话中的一部分，执行者（也就是被建议的人）是明确的，无须在句中再次指出。这种"省略"策略使沟通更加简洁和高效。另外，这也显示了汉语在口头交流中的直接性和高效性。

（二）英语句子的被动语态

英语的被动语态反映了西方人对自然和物质世界的重视程度。他们经常深入探讨并试图理解自然现象背后的原理。这种探索性和认知性和他们不懈追求真理的精神十分一致。对西方人而言，客观事物和它们的内在规律在许多情况下比行为的实际执行者更为重要。这种将注意力放在事件的接受者和客观事物上的倾向，在他们的语言表达中也有相应反映，体现在英语的语法结构中就是被动语态的广泛使用。英语被动语态在句子中强调的是行为的接受者而不是执行者，使句子的焦点转移到动作或事件的受影响部分上。这种结构上的转变意味着英语在很多情况下更偏向于描述事情是如何被做成的，而不是由谁来做。

英语的被动语态在形式上有多种变化，这主要取决于句子的时态，例如：

例句1：

The book has been read by many.

这本书被很多人阅读。

例句2：

The cake was eaten yesterday.

昨天蛋糕被吃掉了。

例句3：

Solar energy will be harnessed more in the upcoming decades.

在未来的几十年里，太阳能将被更多地利用。

以上这些例子清晰地描绘了被动语态在不同时态下的特点。第一个例子用的现在完成时的被动语态，重点强调书已经被阅读的状态；第二个句子用的过去时的被动语态，描述了过去的某一事件；而最后一个例子用的未来时的被动语态，预测未来的可能情境。

第四节　汉英语篇差异

　　语篇在英汉两种语言表达中都占据了重要的位置，它不仅仅是句子和段落的简单组合，更是一个完整的、有机的语言结构。语篇的每一部分，不论是段落还是句子，都在整体中发挥着特定的作用，共同构建语篇的意义和功能。这种功能和意义的构建，并不是随意的，而是遵循着一定组织结构的。这种组织结构，无论在英语还是汉语中，都决定了语篇的流畅性、连贯性和逻辑性。但是，英语和汉语在语篇的构建上有着本质的差异。对翻译者来说，仅仅掌握单词和语法知识是远远不够的。他们必须深入了解两种语言在语篇层面上的差异，这样才能确保翻译的内容不但准确，而且流畅。因此，深入理解和掌握这种差异对翻译实践的成功至关重要。只有这样，译者才能真正做到将原文的意思、情感和风格完整无缺地传达给读者，实现真正的跨文化交流。

一、汉英语篇衔接手段差异

（一）汉语语篇衔接手段

　　汉语的语篇强调流动性和节奏的平稳。汉语在连接句子成分时往往不倾向于使用太多的连接手段。与英语相比，汉语依赖于意义的连贯性，而不是用外显的形式手段来构建句子和段落之间的关系。汉语的句子结构更像是"竹节"，意味着句子以平和、自然的方式逐步展开，简短的句子更为常见，每个句子都是一个完整的思想单元。这使读者能够迅速理解每个句子的核心意思，而不需要深入挖掘句子的多个层次，例如：

　　雨下得很大，街上的人都撑起了伞。

　　这句话由两个简短的句子组成，展示了汉语语篇中句与句之间自然、简洁的连接方式。

（二）英语语篇衔接手段

英语的语篇结构着重强调整体的完整性和精确性。这种偏好来源于英语的句子结构特点，英语句子在形态上经常变化，并频繁使用衔接工具，如连接词和转换词。这种丰富的衔接机制确保了句子成分、句子之间，乃至段落之间都有严格的时间和空间的逻辑关系。因此，英语句子通常像"葡萄"那样紧凑，即主干简短，但可以有多个扩展成分形成复杂的句子结构。这种结构使句子的主要信息点和其他辅助信息更为明确，例如：

The cat, which is black and was lying under the sun, suddenly jumped onto the fence when it saw the bird.

这句话通过衔接词和插入语清晰地展示了英语语篇的这种特点。

二、汉英语篇段落结构差异

汉英两种语言在段落结构上的构造差异深受其文化和思维方式的影响。这种差异不仅仅是语言符号或者字词选择的问题，还是更深层次的组织和构建句子、段落的模式问题。

（一）汉语语篇段落结构

汉语的段落结构往往被描述为螺旋形。这种结构重视内容的层层深入和迭代性。简言之，汉语的语篇会在介绍主题后，逐渐深入其中的细节，并可能在探索了一个方面后，返回前一个点，为其增添更多的内容和深度。这种反复、递进的特性可能会给那些习惯于线性思维的西方读者带来困惑，因为他们可能习惯于清晰、连续的段落结构。然而，这种螺旋形的构造与东方的哲学和思维模式特点相吻合，例如：

乡愁

余光中

小时候

乡愁／是一枚／小小的／邮票

我／在这头

母亲／在那头

长大后

乡愁／是一张／窄窄的／船票

我／在这头

新娘／在那头

后来啊

乡愁／是一方／矮矮的／坟墓

我／在外头

母亲／在里头

而现在

乡愁／是一湾／浅浅的／海峡

我／在这头

大陆／在那头

（二）英语语篇段落结构

英语的段落结构更像是一个明晰的路径。首先明确地提出主题或中心思想，然后系统地依次介绍与之相关的各个方面或细节。这种从总到分，从宏观到微观的方式，使英语语篇更有连贯性和逻辑性，让读者可以快速捕捉到文章的核心，并按照预期的路径继续阅读。这种直线型的结构正好反映了西方文化对逻辑、条理和明确性的重视，例如：

(1)Soccer is a difficult sport. (2)A player must be able to run steadily without rest. (3)Sometimes a player must hit the ball with his or her head. (4)Players must be willing to bang into and be banged into by others. (5)They must put up with aching feet and sore muscles.

三、汉英语篇组织模式差异

语篇的组织模式是对文本结构的一种描述，它关注段落内容和形式的整合，为读者呈现一个有逻辑、有条理的信息流。这种组织模式为语言交际设定了一定的框架，在翻译领域，对源语言和目的语言之间的信息转移尤其重要。汉英文化背景下的语篇在组织模式上有共通之处。例如，不论是汉语还是英语，都会采用如主张与反主张模式、叙述模式和匹配或比较模式等模式来构建段落，为读者提供清晰的观点、叙事或对比。这些普遍的组织模式为跨语言、跨文化的沟通提供了一定的基础。当然，汉英两种语言在段落组织模式上也各有其特色。

（一）汉语语篇的组织模式

汉语语篇的段落组织模式反映了汉语的写作风格和传统，这种模式具有其独特的特色。其中一个显著的特征是重心位置与焦点的灵活性。在许多其他语言中，段落的核心或焦点通常位于固定的位置，例如段首或段尾。但在汉语中，核心的位置往往并不固定，这给汉语的表达带来了更大的灵活性，使中文语篇能够在展现信息时有更丰富的选择，可以根据作者的意图和读者的期望来调整焦点的位置，例如：

清晨的街道，寂静无声，只有零星的行人匆匆走过。这样的时刻，最适合独自漫步，感受这座城市的初醒。整座城市似乎都沉浸在一片宁静之中，只有晨曦中的金光逐渐打破这片宁静，预示着新的一天即将开始。最为有趣的是，街道上的那些看似普通的景物，此刻都显得那么新奇，仿佛是第一次被人发现。此刻，一切都是新的，一切都值得被珍惜。

另外，汉语段落的组织方式有时可能显得相对模糊，没有明确的重心句或焦点句。这样的写作风格可能会让某些读者觉得内容分散，没有中心思想。但实际上，这种组织模式往往意味着每个部分都同等重要，没有明确的主次之分。读者可以在整个段落中寻找和发现信息，而不仅仅是集中在某一个句子或观点上，例如：

紫禁城是北京的心脏，历经数百年的风霜雨雪。它的每一块砖、每一片瓦都承载着历史的记忆。在这里，你可以感受到古代皇家的辉煌与权势。广阔的庭院，层叠的殿宇，每一步都仿佛在穿越时空，带入进入那个远古的时代。然而，除了这些建筑，这里还有无数的故事和传说等待被发掘，它们共同构成了紫禁城浓厚的历史氛围。

（二）英语语篇的组织模式

英语语篇的组织模式主要有五种，除了主张—反主张模式、叙事模式匹配比较模式，还有概括—具体模式与问题—解决模式，后两大模式与汉语语篇组织模式不同，因此这里重点探讨。

1. 概括—具体模式

英语语篇中的"概括—具体模式"反映了其在构建和组织信息方面的特点。该模式是英语写作中一种经常被采用的策略，可以确保读者清晰地理解文章的中心思想之后，再深入更具体的细节之中。这种方式在英语中是如此普遍，以至于许多读者和作者可能都没有意识到自己在使用这种模式。它不仅在文学作品中被广泛采用，还时常出现在社会科学、自然科学和其他领域的文章中。

概括—具体模式指先提出一个总的论点或陈述，然后通过一系列具体的事例或陈述来支持描述之。这种方式可以看作一种分层的方法，从最宏观的视角开始，逐渐深入更具体的细节，例如：

核能是一种高效且清洁的能源。

核反应过程中几乎不产生温室气体。

核电站的运营成本远低于化石燃料电站。

与其他能源相比，核能的储备更为丰富。

核电站的技术进步意味着更高的安全性。

第二种方式则稍微有些不同，它依然开始于一个总体的论点，然后提供具体的论据，但之后会的文本进一步深入更细微的层面。最终，这种方式可能会再次回到一个概括的结论，使整体的论证更为圆满。例如：

社交媒体正在改变我们的沟通方式。

人们越来越依赖社交媒体进行日常交流。

传统的面对面沟通逐渐被线上交流取代。

虚拟社交网络使全球化沟通变得更为容易。

社交媒体已经成为当代人类沟通的主要方式。

2. 问题—解决模式

问题—解决模式在英语写作中是一种能使论证变得非常有力的组织策略，特别是在新闻报道、试验报告和科学论文等领域。这种模式提供了一种清晰、有逻辑的呈现一个问题和其对应解决方案的方式，使读者可以系统地了解和跟踪整个论述过程。

首先，描述情境，它通常会为读者提供一个背景或上下文，为后续的问题描述铺设基础。这个情境可能涉及实际生活中的场景、一种趋势或某个现象，随后在问题提出阶段就会指出这个情境中所存在的问题或挑战。这个问题可能是由情境本身引发的，或者是在这种情境下逐渐显现的。针对问题的反应部分则描述了人们对这一问题的关注程度、情感反应或首次解决的尝试。这部分有时可以体现为社会的普遍担忧、专家的分析或某个组织的初步应对。然后，解决方法的提出，这是文章的核心部分。在这里，作者会详细列举并解释如何解决前述的问题，内容可能包括具体的措施、技术、策略或方法。最后，解决方案的评估，这部分中作者通常会对前面的方法进行分析和评价，包括其可行性、效果、潜在风险等方面，例如：

随着经济全球化进程的加速，国际商务交流变得越来越频繁。然而，文化差异带来了一系列的沟通挑战。为了克服这一问题，多元文化培训课程应运而生，其目的是帮助商务人员更好地理解不同文化背景下的商务礼仪和交往规则。这种培训被认为对提高跨文化沟通的效果非常有益，但也有评论指出，单纯的培训课程可能无法涵盖所有的文化细节，因此实地经验和亲身实践仍然是至关重要的。

这种问题—解决模式可以为读者建立一个清晰的思维路径，使其能够逐步跟随作者的逻辑和论证理解原文。而这种模式的灵活性也意味着，作者可以根据不同的内容和读者需求进行适当调整。

四、汉英语篇策略运用差异

语篇策略这一概念的提出，旨在揭示语篇生产者如何为了实现交际目的而进行策略性的选择与决策。这种策略性的选择可以影响主题、框架、论据和手段等方面，并能影响语篇的完整性和连贯性。汉语和英语在语篇策略上的应用有着明显的差异，这主要反映在两者如何处理论证和情感的问题上。

英语语篇的核心特征在于较强的逻辑性和理性。这种语言文化往往强调事实的陈述，采用客观、清晰的论据来支撑观点。当一个英语作者试图说服读者时，他们往往通过事实、数据和有力的论证来增强说服力，而不是仅仅通过情感的表达。这种逻辑性和事实性较强的论证方式，有助于确保观点的客观性和公正性，使论证更有说服力。

相对而言，汉语语篇更注重情感的传达。这并不是说汉语中的论证没有逻辑，而是汉语的论证经常和情感、情境等因素紧密结合。中国的写作者在进行论证时，可能会倾向于使用更加生动、形象的词语和句式，如典故、成语等，以增强说服力。这样的策略可以使语篇更加生动，更能引起读者的共鸣，例如：

例句1：

In the world of business, a well-calculated risk is often the key to success.

在商界，精心计算的风险往往是成功的关键。

例句2：

青春不再，如白驹过隙。

语篇策略在汉英语篇表达间的差异深受文化、教育、历史和价值观的影响。英语的论证方法强调逻辑与事实，追求理性和明确性，与西方的启蒙思想和实证主义传统相吻合。相比之下，汉语更倾向于情感与情境的结合，频繁使用典故和修辞，反映了中国古代文学和哲学的情感取向。教育亦为这两种策略提供了基础：西方注重批判性思维和以事实为本的学术写作训练；而中国的教育更多强调对已有经验的记忆与模仿，更易培养学生对情感和修辞的偏好。这些深层次的文化和教育差异使汉英在语篇策略上有着明显的不同，对跨文化交流产生深远影响。

第四章　其他跨文化因素对翻译的影响

第一节　精神文化因素的影响

一、精神文化基本认知

（一）*精神文化的概念与内涵*

精神文化指社会或个体的思想、信仰和价值观的集合，它反映了一个社群或个人感知、解释并与世界互动的方式是经历时间沉淀后的非物质遗产，包括但不限于哲学、道德观念、信仰和艺术审美。精神文化为人们提供了认识世界、定位自我和与他人互动的框架，它影响着人们的决策、情感和行为。每一种文化都有其独特的精神内核，这些内核由历史、经验和传统共同塑造，为其成员提供了一种生活的向导和归属感。精神文化不仅仅是文明的反映，更是决定社会和个体行为的关键因素。

在宏大的社会背景中，精神文化如同指南针，为社会提供方向和目标。它是社会中最为稳固的核心，引导人们制定了一系列的行为准则和道德伦理。例如，西方世界中普遍强调的"人权至上"并非简单的口号，而是深深嵌入其社会制度、教育体系和日常生活中的一个基本原则。在东方社会，"和为贵"这样的思想，也不仅仅是一个口头禅，更是一种生活哲学，强调集体的和谐和利益平衡。

然而，精神文化的影响并不仅仅停留在社会层面。每一个人，在其生命历程中，都在与身边的精神文化互动。这种互动不仅形成了个人的世界观，还塑造了他们与外部世界互动的方式。西方的个人主义文化鼓励人们追求自我实现和独立思考，这一点在其教育、艺术和社交行为中都有反映。而东方文化中的集体主义价值观，也使家庭、团队和社群在个人决策中成为关键的影响因素。

（二）精神文化的层次与内容

1. 精神文化的层次

精神文化的形成和发展是人类历史进程中的核心组成部分，它在人类社会中表现为两个密切关联但又有所区别的层次：社会心理和社会意识。社会心理和社会意识分别代表了文化的隐性和显性两个方面。社会心理关注的是情感和直观的反应，而社会意识则是对这些反应的明确和有序的表达。两者相互影响，共同塑造了人类的文化。

社会心理是人类在与环境相互作用的过程中形成的一种集体认知和情感反应。它深植于每一个个体内部，构成了人们对世界的基本看法和感知。这种心态并不总是清晰可辨的，但它无疑是驱动个体行为的内在动力之一。例如，一个社区的共同价值观、习惯和传统通常源于这个社区的社会心理。它是一种潜移默化、未经明确表达的集体情感和认知，直观地反映了一个社会或文化群体的价值观、信仰和期望。这种心理往往会在某些特定的社会现象中显露出来，如流行趋势、公共话题和社会风尚等。

社会意识则是社会心理的外延，是对内部思考和情感的明确表达和加工。与社会心理相比，社会意识更为明确更加结构化和形式化。它通过语言、艺术和其他形式的表达手段将隐性的情感和认知转化为具体的文化产品。一部小说、一幅画作或一首歌曲都可能是社会意识的具体体现。这些作品捕捉并呈现了社会的核心价值观、情感和思考，为外部观众提供了深入了解这个社会或文化的窗口。社会意识更倾向于明确地传达某种信息或观点，它通常更为系统化、组织化，并受某种理论或思想框架的指导。

2. 精神文化的主要内容

精神文化的两个层次，不论是社会心理，还是社会意识，都有三项基本内容，即思维方式、价值观念与审美意识。

（1）思维方式。一个民族的独特思维方式与该民族在长时期实践生活中沉淀的重要心理特质有关。这种思维方式实际上是一种深入骨髓的认知方式，充当了指南针的角色，影响人们看待和解读周遭世界的方式。这种认识方式往往是下意识的、自然流露的，很少有明确的体现。它犹如文化的DNA，存在于每个个体中，但又超越了个体，形成了整个社群的共同心理基础。其独特性在于它不仅仅是一种思维技能，更是一种文化的纹理，一种对历史、环境和共同经验的反应。

（2）价值观念。价值观念是文化中对生命意义的解读。它回答了为何而活、如何活这样的根本性问题。在某种程度上，价值观念是一个民族在面对挑战、选择和变革时所依赖的道德和哲学指南。它涉及人们对于什么是对的、什么是错的，什么有意义的、什么微不足道的看法。这种观念既是对过去的总结，又是对未来的指引。各个文化中的一系列核心价值观决定了这个文化的特点、传统和信仰。例如，古代中国的价值观强调家族荣誉、对长辈的尊重和对社会和谐的追求，这些都深深地影响了几代人的行为和决策。

（3）审美意识。审美意识是人类对美的认知和追求。与其他生物不同，人类不仅对环境有感知，还有对美的欣赏和追求。这种追求超越了基本的感官需求，是对精神层面的渴望。人类对美的追求和欣赏并不仅限于视觉或听觉，它涉及所有感官，并与情感、情欲等因素相结合，为人类的生活增添深度和丰富性。审美意识不仅仅是对美的基本感知，更是对美的深入理解、体验和创造。在文化中，这种意识决定了艺术、音乐、文学等领域的内容方向和风格，反映了一个民族对生活、自然和人类本身的看法和期望。

二、影响翻译的精神文化因素

翻译不仅仅是对文字的转换，更多还有对文化和语境的传递。每种语言都是某种文化的产物。思维方式，即一个文化或民族的典型认知和理解方式，会影响人们对原文的理解。如果翻译者没有深入理解某背后的思维方式，翻译出来的内容可能会失去原文的深意。而当涉及文学、诗歌或其他艺术形式的文本时，审美意识的差异会更加明显。诗歌中的韵律、音韵、意象等都涉及审美的问题。不同文化对美的定义和感知可能有所不同，这会影响到翻译者选择词汇、句式和修辞的方式。

（一）中西方思维方式的差异

中国和西方国家思维方式的差异突出体现四个方面，如图4-1所示。

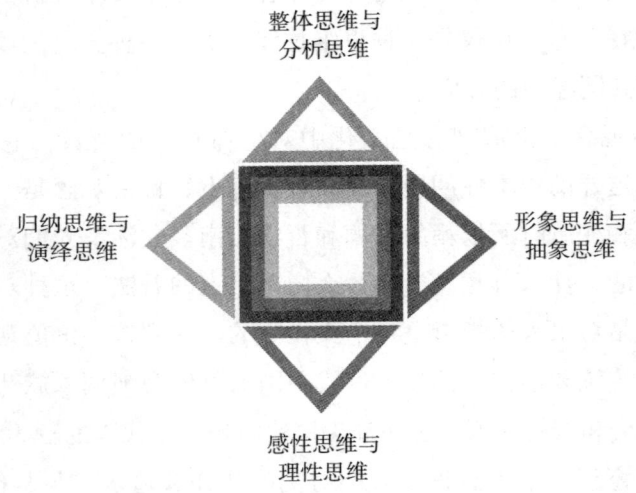

图4-1　中西方思维方式的差异

1. 整体思维与分析思维

东方文化，特别是中国文化，崇尚的是对万物的整体观照。这种观照不仅仅是对外部世界的观察，更多的是一种对宇宙、自然和人类和谐共生的哲学追求。这种思维方式强调的是关系和连接。在中国古代的哲学思想中，道教的"道法自然"和儒家的"天人合一"，都在强调人与自然、个体与社会之间的紧密联系。这种思维方式追求的是一种平衡和和谐，不论是社会关系方面，还是自然环境方面。这种整体观念也深深影响了中国的艺术创作，山水画中对宏大景观的推崇、书法的行云流水，都是对整体和谐的追求。

而在西方，尤其是现代西方，分析思维占据主导地位。这种思维方式重视对事物的分析和分类，旨在通过对每个部分的深入研究来达到对整体的理解。这种方法在西方的哲学、科学和艺术中都有所体现。例如，古希腊的哲学家通过对事物的分类和定义，试图寻找宇宙的本质和秩序。现代的西方科学，更是基于严格的实验和观察，通过分析来探索事物的原理和规律的。这种分析思维为西方的科技进步提供了强大的动力。此外，在西方艺术中，如文艺复兴时期的绘画，也强调对细节的精确捕捉和描绘，每一个物体、每一个形象都要经过细致的观察和研究。

2. 形象思维与抽象思维

中国文化让人们形成了一套注重形象表达和直观表达的思维方式。无论是诗词歌赋，还是书画艺术，形象化的描绘是其主要特色。例如，古代的诗人常常通过描写风景、天气和四时变化来表达自己的情感或哲学观点。这种表达方式直观，能够迅速打动人心，让读者或观众产生共鸣。形象思维的另一大特点是常通过比喻、象征和隐喻来表达深层次的思想和情感。例如，古代诗人通过"明月几时有，把酒问青天"这样的诗句，表达对人生、命运和宇宙的思考。这种表达方式更侧重于情感的交流和直观的体验，而不是逻辑推理或抽象分析。

与此相反，西方文化中的抽象思维方式起源于古希腊，经过长时间的发展和演变，成为现代科学、哲学和艺术的基石。这种思维方式注重理性、逻辑和分析，旨在从复杂的现实中提炼出普遍的原则和规律。例如，古希腊哲学家通过对自然、人类和社会的观察，提出了许多关于宇宙、道德和知识的基本概念，这些概念成为后来哲学和科学研究的基础。抽象思维的主要特点是通过逻辑推理和理论分析来寻找真理，它追求的是普遍性、准确性和严谨性。

3. 感性思维与理性思维

中国文化中的感性思维为人们提供了一个独特的方式，通过它，人们可以直观地、经验性地去感知世界。在这样的思维体系中，经验和感觉被高度重视，且被认为是接触和理解世界的核心途径。这一点在古代的文学作品，如诗歌、散文和小说中都有明显体现。当读者沉浸在这些作品中时，他们被引导着去体验人物的情感世界，深入探索人与人、人与自然之间的纽带。此外，这种以情感为核心的思维方式也意味着，人的主观体验在知识获取和判断过程中占有举足轻重的地位。情感不仅仅是体验世界的工具，更是连接人与人之间的桥梁，使人们能够更深入地理解彼此，培养人们的同理心。

而西方文化注重的则是逻辑性和理性的思考。在这个体系下，知识是建立在严格的逻辑和推理基础上的。这样的理性思维方式，尤其是古希腊的哲学传统，为西方哲学和科学的进步奠定了基础。在这里，真理被认为是可以通过逻辑和分析来获得的，科学方法和逻辑分析成为知识的主导方式。这种对普适性和普遍性的追求，使西方的知识体系更加系统化，也更具批判性。而这种重视理性的思考方式，尽管为人类带来了许多科学和技术上的进步，但也有可能使人们过于依赖逻辑和理智，从而忽视了情感、直觉和价值判断。在这种思维方式下，人与人之间的距离因情感和人性在决策和认知过程中被边缘化而增大。

4. 归纳思维与演绎思维

中国文化中的归纳思维通常指从无数的具体实例出发，试图从中寻找共性，并逐步形成更为普遍的原则或规律。这一思维模式体现了对细节的尊重，也体现了人们对实际经验的高度重视。在长时间的文化沉淀中，人们通过观察、体验和实践，将这种从下至上的方式变为形成认知的主要路径。中国古代科技与医学的进步，很大程度上依赖于实践经验的不断积累，以及在此基础上进行的归纳和提炼。例如，中医的进步是在积累了大量的医案和实践后取得的，进而形成了一套完整的医学体系。然而，这种严重依赖经验的方式也可能使其在某些情况下难以突破已有的框架，进入更为深入的层次。

在西方文化中，演绎思维方式则代表了一种从总体规律到具体事例的推理路径。这种从上至下的思维模式要求人们先确立一套理论或原则，然后基于这些已知的前提，运用逻辑推理得出更为具体的结论。这种思维模式的典型代表是数学和哲学，具体来说就是从一般原理出发，逐步推导出各种定理和观点。欧几里得的《几何原本》便是演绎思维的经典例子，其中的定理都是基于一套基本的公理进行推导的。这种对理论和逻辑的依赖使得西方科学在发展中能够在相对较短的时间内取得显著的突破。但过于理论化的推导可能会与实际情况产生偏差，导致某些结论在现实中难以被应用或验证。

（二）中西方审美意识的异同

在文学创作中，中西方的审美意识呈现出各自独特的特色和视角，这种异同往往是文化、历史和社会价值观积淀的产物。从总体上看，二者都关注人性、情感和生活的美学表现，但在具体的审美观点、技巧运用和美学价值上存在显著差异。

1. 审美观点差异

从审美观点上来看，中国文化强调和谐、平衡和内敛。在中国古代文学作品，如诗歌和楹联中，可以看到这种追求和谐与平衡的审美理念。例如，唐诗中常常追求意境的深远和诗句的对仗，强调声韵的匹配和意象的微妙。这种审美意识源于中国传统的道家和儒家思想，它们强调自然与人的和谐统一和中庸之道。而西方文学中的审美意识则更偏向于突出个体、追求创新，强调情感的真实与深度。这源于西方的启蒙运动、浪漫主义思潮等历史文化运动，它们强调个人主义、自由和情感的真实表达。例如，在浪漫主义诗歌中，诗人追求情感的真实与直接，不拘泥于传统的韵律和形式。

2. 技巧运用差异

中国文学中的隐晦和暗示技巧源于人们对事物内在意义和深层情感的探索。这种技巧使作品中的信息并非被直接呈现，而是需要读者自己去揭示和理解的，这为读者提供了深度参与作品的机会。中国古典诗歌往往利用简练的文字和精妙的意象勾画复杂的情感世界，这种写作技巧使读者能够在想象中重现作者所见的情景，感受作者的情感。另外，"留白"技巧往往被用于创造意境，让读者在文学作品中的留白处填充自己的感受和想象，从而使作品具有更广阔的解读空间。相比之下，西方文学往往追求明晰、具体和细致。明确使情节和人物形象更加鲜明，情感传达更加直接。细节描写不仅强化了情境的真实感，还有助于读者更深入地了解人物性格、动机和情感。这种直白的叙述方式使读者更容易投入情节之中，与人物共鸣，而不需要花费太多的精力去解析文本背后的含义。

3. 美学价值差异

中国文化追求形式与内容的统一。在古典艺术和文学中，形式被视为与内容同等重要的一部分。形式不仅为内容提供载体，还能加深和扩展内容的意义。例如，古代的书法作品中的每一笔、每一画都充分体现了书法家的情感和意境，使观众不仅能感受到文字的意义，还能体验到书法家的情感与技巧。而在西方文化中，内容往往被视为艺术和文学创作的核心。原创性和深度被高度重视，形式则被看作表达内容的手段。但随着时间的推移，尤其在20世纪，随着现代艺术的崛起，形式创新和艺术性开始受到越来越多的关注。例如，超现实主义和后现代主义等流派更多地关注形式与内容的关系，探索如何通过形式的变革来实现内容的创新。

第二节　物质文化因素的影响

一、物质文化基本认知

（一）物质文化的概念与内涵

物质文化，作为人类历史和文明的重要组成部分，代表了对各个时期、各个民族的生活和生产需求的实际反应。当谈及物质文化时，人们眼前浮现的是各式各样的工具、器皿和生活用品，这些物质产品不仅满足了人们的日常需求，还在无形中传递了丰富的文化信息。例如，每当观赏那些精美的中国瓷器时，人们都不难察觉其背后所隐藏的历史故事、技艺传承以及文化价值。每一件瓷器，都是工匠们对材料的深入了解、对技术的精湛掌握和对美的独到追求的结晶。

物质文化不仅能体现一个民族的技艺与审美水平，还能体现不同民族的文化观念和文化心理。这些文化元素深深地融入了物质生产的每一个环节，使每一个实物都成了文化的载体。此外，物质文化也能反映出人类与环境、技术和社会的相互作用。在面对不同的自然环境和社会挑战时，人们会选择并创造与之相适应的物质产品，这既是技术和知识的积累，也是文化和价值观的传递。在这个过程中，物质文化为人们提供了一面镜子，让人们看到自己的历史和文化身份，同时激发人们对未来的思考和追求。

（二）物质文化的分类与代表

物质文化，作为人类文化的重要分支，反映了人类历史长河中积累的智慧和审美传统。这种文化以实际物品为载体，从生活、生存、工艺技术和精神追求等诸多维度揭示了人类生活的本质。物质文化所涵盖的范围是广泛的，反映了人类历史和文化在不同时期的发展状况。为了更好地研究和理解物质文化，人们可以按以下几个维度对其进行研究。

1. 物质文化的分类

物质文化，作为人类为了满足生活和生存需要而创造出的外显文化要素，涉及领域广泛，并反映了人类历史和文化在不同时期的发展。从功能上看，物质文化可以包括古代的石刻，农具、工艺工具等生产工具，日常的餐具、家具、衣物等生活用品，交通的马车、船只以及现代的汽车和飞机。同时，为了满足精神上的需求，人类还创造了各种乐器、雕塑、绘画等娱乐和艺术品，以及为特定宗教或仪式服务的祭祀用品和宗教雕塑。在材料的选择上，物质文化可以是石器、石雕等石质制品，也可以是木雕等木质制品，还有青铜器、金银饰品等金属制品，以及由毛皮和布料等制成的衣物、地毯、绣品等。另外，各地域和文化背景下的物质文化也有所不同，例如，东方的瓷器、书法、茶文化，与古希腊的雕塑、欧洲的中世纪装甲等西方物质文化就存在明显差异。此外，非洲、美洲、大洋洲等地也有其独特的物质文化，如非洲的面具或美洲的土著工艺品。这种广泛的分类展现了物质文化在历史和文化演进中的丰富性。

2. 物质文化的代表

物质文化是展示人类文化的重要载体，这一点在服饰、饮食、居住、交通等方面体现得最为突出。

（1）服饰文化。服饰，不仅是身体的覆盖物或装饰品，还是文化、历史、社会、经济和心理等各因素兼备的产物。每一件服装，每一种风格都承载着某种文化符号和深厚的文化内涵。从原始的皮毛到细致的丝绸，从简单的遮羞布到复杂的礼服，服饰的演变揭示了人类对生活质量、审美和社会身份的追求。在特定的文化和历史背景下，服饰更是一种生活哲学和价值观的传达载体。例如，它可以传达关于性别、职业、社会地位、信仰，甚至政治观点的信息。在某些文化中，它可能是身份和权力的标志，如君主的王冠和法官的长袍。

此外，服饰文化不仅仅是关于衣物本身的，还涉及与之相关的生产技术、工艺、原料等。其中包含了各种知识和技能的创新，是人类智慧的结晶。例如，丝绸之路不仅仅是一个贸易路线，更是东西方文化交流的桥梁，而丝绸作为其中的交易商品，反映了古代中国高度发达的纺织技术和文化魅力。随着时间的流逝，服饰风格和审美标准也会发生变化。这种变化可能受社会变革、技术进步、经济发展或其他外部因素的影响。古代的宫廷服装、中世纪的盔甲、现代的高定时装，每一个时代的服饰都在反映那个时代的特点和价值观。因此，服饰不仅仅是一种实用的日常物品，更是一个时代文化和社会变迁的历史记录者。

（2）饮食文化。饮食文化涉及的领域远不止食材和料理技巧，它是一个宽泛且丰富的领域，包含了人类对食物的态度、制作方法、消费方式，乃至对食物背后意义的深入理解。当谈到食物时，人们不仅是在讨论其营养成分或滋味，更是在讨论一个地区、一个民族，甚至一个时代的精神风貌和价值观。在不同的文化背景下，饮食会被赋予各种各样的象征意义。在某些地区，食物不仅是营养的来源，还是宗教、神话、传说中的重要元素。而在某些节庆时刻，特定的食品则成为传统的象征，承载了世代相传的故事和愿景。例如，中秋的月饼、西方的感恩节火鸡，都不仅仅是食物，它们承载了团圆、感恩和家的意义。

饮食制作工艺方面，随着时间的推移，也成了某种艺术的表现形式。从简单的火上烹煮到精妙的摆盘艺术，背后都是无数世代厨师的探索与创新。这些技巧的传承与演变，都深深地烙印着当地文化的印记。每一道菜，每一种调料，甚至每一个烹饪动作，都可以成为一个文化故事的开端。而在饮食消费方面，不同的地域和文化中，餐桌上的礼仪和传统也各不相同。东方的共享式用餐，西方的个人分餐，都反映了各自文化对分享、亲密和独立的不同理解。同时，人们对食物的态度和选择，随着社会、经济和技术的发展而发生变化，这反映了人们对生活品质的追求以及对健康、环境和伦理的关注。

（3）居住文化。居住文化关注的是在人类历史演进中，基于特定生活环境而形成的独特居住形态和风貌。它并非仅限于房屋的物理结构，还涉及人们对于"家"这个概念的深入理解和情感投入。每一个家园，无论大小，都与其所处的时空背景、社会环境和文化传统息息相关，这些元素共同塑造了人们的居住方式和家庭观念。

一方面，居住文化与当时的经济、政治和文化背景紧密相连。例如，一个国家或地区的经济繁荣可能会使住宅建筑的风格向更为奢华和复杂的方向发展，而在资源有限或社会动荡的情境下，简洁、实用可能更为人们所青睐。这背后不仅仅反映了人们物质条件的变化，更多还有对生活质感和价值追求的诠释。另一方面，环境营造也是居住文化的重要组成部分。不同的地理环境、气候条件以及地方习俗，都会对住宅的设计、建造和使用方式产生深远的影响。气候炎热的地区可能偏爱通风的建筑和宽敞的院落，而寒冷地带则可能更看重住宅的保暖功能和紧凑的空间布局。居住文化还涉及日常生活中的各种风俗和习惯，这在居住区位的选择、室内装饰，甚至物业管理和社区文化等方面均可得到体现。可见，居住文化不仅仅是物质生活的展现，更是对个体、家庭和社区关系的再思考。

（4）交通文化。交通文化是在社会发展过程中逐渐形成的独特体系，涉及人们如何移动、如何理解和使用交通工具以及在交通方面的价值观和期望。它不仅仅是物质工具的集合，其内涵在于人类如何在空间中连接、互动并彼此理解。

交通器物文化是交通文化中最直观、最具物质性的部分。它反映了一系列技术进步和设计创新，包括那些让人们更快、更有效地前往某地的工具。从古代的马车和帆船到现代的汽车、飞机和高铁，每一种交通工具都是时代工艺和社会需求的结晶。这些工具不仅仅是移动的手段，还是工程奇迹、艺术品和时代的标志。例如，老上海的黄包车与现代城市中的地铁系统，在技术上是天壤之别，但它们都反映了其所处时代的特征和人们的生活方式。

但交通文化远不止于此。它还涉及一种哲学或思维方式，即人们对空间、时间和距离的理解。随着交通工具的发展和变革，人们对这些概念的认知也在不断地演变。例如，在古代，长途旅行可能需要数月，甚至数年，而现代的航班只需要几小时。这种变化不仅改变了人们的交通习惯，还影响了人们的思维方式、商业模式和社交网络。此外，地域特色也深深地影响着交通文化。每个地方都有其独特的交通历史和传统，这可能与地理、气候、资源特点或历史事件有关。因此，交通不仅仅是连接A地和B地的手段，更是文化和历史的象征之一。

二、影响翻译的物质文化因素

物质文化是特定社会和文化环境中人们创造的物质遗产，如工具、技术、建筑、饮食、服饰、交通工具等。这些物质遗产都承载着深厚的文化和历史意义，因此译者在翻译它们的过程中可能会遇到一些挑战和困难。汉语的物质文化被翻译成英语时，由于中西文化背景、生活习惯、历史传统等方面的差异，很容易出现错译或误导。因此，译者需要格外小心，以确保译文既准确又容易被目标读者理解。

（一）饮食文化因素

中西方饮食文化的差异源于各自的历史、地理、气候、宗教和其他社会文化因素的不同。这些差异在食材选择、烹饪技巧、饮食习惯及餐桌礼仪等方面均有所体现。因此这些文化差异可能会给翻译带来相应挑战。

1. 食材与烹饪技巧因素

中餐强调食材的新鲜和调味的平衡，常用的烹饪方法包括炒、炖、蒸和炸。中餐里也有大量特有的调料和食材，调料如葱、姜、蒜、八角、胡椒、茴香、陈皮等，食材如各种普通家禽和家畜，以及这些动物的内脏、头、尾和皮等。西餐更多地强调烹出食材的原味，烹饪方法有烧烤、炒或烘烤等。西餐中也存在特定的食材和调味料，食材如牛肉、猪肉、鸡肉、鱼肉等，但通常不食用动物的内脏、头、尾和皮，调味料如百里香、迷迭香或肉桂等。

在翻译过程中，有些中文食材或烹饪技巧在英语中没有直接的对应词。例如，"白切鸡"如果直接翻译为"white cut chicken"可能会令英语读者困惑，因为这并不能让人理解其实际的烹饪方法或风味，建议翻译为"steamed chicken"，以说明这道菜的烹饪方法。

2. 餐桌礼仪与饮食习惯因素

中餐文化强调团聚与共享精神，使用的餐具主要是碗和筷子。在中国的饭桌上，菜肴往往被放在中央，供所有人共享，这表达了一种集体主义和分享的文化。与中餐不同，西餐更注重个人化的体验，刀叉是其主要的餐具。每一道菜通常都会为每位客人单独放在各自的盘子里，这反映了西方个人主义的文化。

由于这些文化细节的差异，译者在翻译时可能会遇到一些问题。例如，如果将"火锅"直接翻译为"Hot Pot"，可能无法完全传达其背后的文化与亲朋好友围绕一个热气腾腾的锅聚集分享的体验。再如"宴请"可以翻译为"feast"，但它背后的礼仪和场合可能需要补充额外的文化背景信息才能得到准确的传达。

3. 饮食文化与习俗

在中国的饮食文化中,许多食物都有深厚的文化内涵和象征意义。食物的存在不仅仅是为了满足口腹之欲,更多是为传达某种寓意或心愿。例如,鱼在中餐中不仅是一道受欢迎的菜肴,还因其名字与"余"音近,被视为"年年有余"的象征。又如长寿面,除了美味,其长长的面条也代表了长寿和健康。与中餐文化不同,西餐文化中的食物往往与某一特定的节日或场合紧密相关。例如,每到感恩节,火鸡就是必不可少的大餐主角,它不仅仅是一道菜,更是感恩节的象征。而在复活节,巧克力蛋不仅是孩子们的最爱,还代表了新生和希望。

由于食物在不同文化中带有特定的象征意义,直接的翻译可能无法完全传达其文化背景。例如,将"年年有余"直接翻译为"surplus every year",虽然意思表达得足够清楚,但缺少与"鱼"相关的文化寓意。这时,译者可能需要加入括号或脚注,如"eating fish (a homophone for surplus in Chinese)",来帮助外国读者理解这一层含义。

(二)服饰文化因素

1. 历史与传统

自古以来,中国服饰就不仅是身体的遮蔽物,还是社会身份和地位的象征。例如,汉服不仅是汉族的代表性服饰,它的款式、颜色及装饰等还与穿着者的性别、年龄、官职等有关。旗袍,起源于满族女子的服饰,后被各族群广泛采纳,成为现代女性的爱物,可以展现女性的曼妙身姿。在西方,从中世纪的紧身长袍到现代的套装,西方服饰历经数百年的变迁。这种变化与西方历史上的社会变革、经济发展以及艺术潮流紧密相连。例如,19世纪的维多利亚时代,人们的服饰异常华丽,反映了那个时代对礼仪和身份的重视。

2. 颜色与象征

在中式服饰中,颜色不仅仅是视觉的享受,更蕴含着深厚的文化意义。红色不仅代表幸福繁荣,还是特定节日,如春节中的主导色调,寓意新年好运。同样,白色在葬礼中常被视为哀伤的象征。西式服饰的颜色象征相对简单,但同样具有其独特的文化内涵。例如,白色在西方婚礼中常被视为纯洁的象征,而在正式场合,深色,如黑或海军蓝,被认为是稳重的象征。

3. 材料与工艺

中国古代的纺织工艺世界闻名,其中最为著名的是丝绸之路。这一古老的贸易路线将中国的丝绸带到了远东、中亚乃至欧洲。中国的丝绸工艺历史悠久,注重细节和技巧,苏州的云锦、杭州的宋锦等都是非常著名的丝绸品种。与此同时,西方国家在服饰材料与工艺上追求创新和实用。从中世纪的麻、羊毛到现代的尼龙、涤纶,都反映了这种倾向。尤其是在现代,技术与服饰的结合,使人们的衣物不仅时尚,还具有各种功能,如透气、防水、防紫外线等。

在汉英翻译中,特定的服饰名词,如"旗袍",直接翻译能更好地保留其文化特色,而像"长衫"这样的词汇,转化为"long gown"则更为合适。同时,当涉及某些中式服饰背后的深厚文化和历史意义时,译者可能需要提供额外的注解,如"汉服"翻译为"Hanfu"时,其背后所代表的中国传统文化需要进行充分的阐释。此外,对颜色和材料的描述在中英两种语言中也可能存在微妙的差异。例如,中文中的"大红"在英语中可能被描述为"bright red"或"vivid red",但这种翻译可能会失去原词中的喜庆含义。

(三)居住文化因素

1. 空间布局的差异

在中国的居住文化中,传统的中式住宅,尤其是著名的四合院,代表的不仅是建筑的风格,还是一种家族观念和生活哲学。它注重内外的分割,其中家庭成员的生活围绕着中央的庭院进行,代表家的和谐与团结,庭院成为家的"心脏",承载着家族的温情和传统。而在西方,尤其是现代西方住宅,空间布局更为开放并注重私密性。家庭成员各有独立的空间,如私人卧室和卫生间,这在某种程度上反映了西方文化中个体主义的价值观。

2. 装饰与设计的差异

中式家居装饰，反映的是与大自然的和谐共生以及对传统艺术的尊重。木制的家具、墙上的书法、精美的山水画等，都充分展示了中华民族对自然、和谐与美的追求。这种装饰风格带有浓厚的文化和历史色彩。与之相对的是，西式的家居装饰更为简约而实用。现代的设计元素、简洁的线条和形式、家庭照片或现代艺术品的装饰，都传达了西方对自我表达和现代审美的追求。

3. 居住习俗的差异

中国的居住习俗深受其传统文化，尤其是风水思想的影响。这种古老的哲学主张房屋的方向、窗户的开启、家具的摆放等都与人的命运和运势紧密相关，因此在家居设计和摆设中都有严格的规定。相比之下，西方的居住习俗更为自由，更重视实用性。尽管某些传统或信仰仍然会影响设计，但总体上，西方的家居设计更注重提供舒适和方便的生活环境。

在汉英翻译中，处理与居住文化相关的内容时需要译者具备深厚的文化背景知识，尤其是对于"风水"和"四合院"等概念，应有深入理解。翻译时，直译与意译的选择是关键，例如，"四合院"虽可直译为"Siheyuan"，但为更准确传达其文化含义，使用"traditional Chinese courtyard house"这样的意译可能更为恰当。此外，对那些深植于特定文化中的居住概念，单纯的文字翻译可能无法完全传达其深层次的含义和背后的文化背景。这时也需要添加注解。

第三节 生态文化因素的影响

一、生态文化基本认知

(一) 生态文化的概念与内涵

生态文化,作为文化的一个独特维度,涉及人类与环境之间的复杂互动。传统的文化观点往往将人类视为文化和自然的中心,但随着时间的推移,人们逐渐认识到,人类只是大自然这一庞大系统中的一个组成部分。生态文化正是这种新的文化观点的体现,它强调人类活动与环境之间的相互作用,以及这种作用对人类价值观的影响。更为深入地说,生态文化的核心是对自然价值的重新认知和尊重,人们应从中找到人与自然和谐相处的方法,使自身的社会活动更加符合自然的律动和规律。

随着对地球的深入了解,人们意识到人类的每一个行为都会对环境产生影响,这些影响可能是短暂的,也可能是长久的,而且往往会引发连锁反应。因此,生态文化不仅仅是对人类与自然之间关系的认知,更是一种指导人类行为、决策和价值观的哲学。它提倡在生活中寻求平衡,不仅是在人与自然之间,还包括人与人、社会与自然之间。只有当这些关系达到真正的平衡,人类社会才能够实现可持续的发展。

(二) 生态文化的结构内容

生态文化的内涵是深远的,它主要涉及人与自然的关系、人类的价值观、行为方式等与生态环境息息相关的方面。但要完全理解生态文化,还需要考虑地理环境、自然气候等因素,因为这些因素影响了生态文化的形成和发展。

1. 生态文化的基础组成部分

（1）地理环境。作为文化形成的物质基础，地理环境对人类历史的发展有重要的影响。它不仅为人们提供了生存和发展的空间，还在深层次上影响了人类的思维方式、价值观和生活方式。从古至今，地理环境与文化相互影响，共同演化。例如，崎岖的山脉和狭小的盆地为居住在这里的人们划定了一种与众不同的生活模式。山地的居民必须面对土地资源有限的现实，因此他们可能更倾向于开发可持续的农业，如梯田。这种农耕模式不仅是对地理环境的适应，还是对土地的尊重。同时，山地文化中常常包含着对自然的崇拜和敬畏，因为在这样的环境中，人们更容易体会到自然的力量和魅力。

（2）自然气候。自然气候在塑造人类文化的过程中起到了关键作用。在漫长的历史进程中，人们必须学会适应各种气候条件，从而发展出与之相匹配的生活方式和观念。在寒冷的地区，为了生存，人们不得不寻找保暖的方法。这促使他们狩猎野生动物，利用动物皮毛制作衣物。长时间的生存斗争使他们发展出了皮毛加工技术和独特的寒地文化。此外，寒冷地区的人们在日常生活中也可能更加重视合作，因为在这种环境中，个体难以独自生存。相反，炎热地区的人们面临的是高温和干旱带来的种种挑战。他们必须寻找足够的水源和食物来维持生命。这种环境使人们发展出高效的灌溉技术，以及发现、培育适应炎热气候的农作物。炎热的气候也影响了人们的日常习惯。他们可能更加注重日常的身体清洁，穿着轻薄的衣物，以及调整作息时间以避开炎热的正午阳光。

2. 生态文化的主要组成部分

生态文化作为一种反映人类生存状态的文化现象，是衡量人与自然关系的价值尺度，主要包括物质生态文化和精神生态文化两种。

（1）物质生态文化。物质生态文化是生态文化的物质表现形式，并具体表现为生产技术和人类生活方式。随着对自然环境和资源短缺问题的深刻认识，人类逐渐认识到，简单的工业生产模式，特别是高耗能、高排放的模式，不仅会造成资源的浪费，还会给生态环境带来无法逆转的伤害。因此，物质生态文化不仅仅是一种理论观念,更是一种面向未来、寻求人与自然和谐发展的实践行动。

(2)精神生态文化。精神生态文化指的是精神层面的生态文化,是一种抽象的文化,具体表现为生态哲学和生态美学。生态哲学关注人与自然之间的微妙关系,为解决生态问题提供理论指导。它的核心思想是人与自然之间的紧密联系并相互依存。在日益恶化的生态环境中,生态哲学关注人类活动对自然造成的影响以及自然对人类生存的影响。它提醒人们,每一个生物都是生态系统中不可或缺的一部分,人类和自然是一个不可分割的有机整体。要真正了解和珍惜自然,就必须从整体的角度出发,重建和自然的和谐关系,使人类、自然和社会达到和谐共生的状态。

生态美学则从审美的角度探讨人与自然的关系。它突破了传统的人类中心视角,强调人与自然之间的和谐与统一。生态美不仅仅是自然的美,更是自然和人类共同创造的和谐美。这种美是基于对自然的尊重和珍惜的,强调人与自然的共生共存。生态美学的核心是"天人合一"的思想,认为人类不是自然的主宰,而是自然的一部分。它鼓励人们从生态发展的角度去欣赏美,体验与自然和谐共生的美好,感受生命之间相互联系、相互影响的美妙旋律。

二、影响翻译的生态文化因素

(一)生态观念因素

1. 中式"和谐相处""天人合一"的生态观念

中国文化中的"和谐相处"和"天人合一"等生态观念贯穿了古代文化、哲学、艺术和日常生活。这些观念不仅仅是一种语言表达,更是一种文化和哲学的体现,它们为中华文化赋予了独特的魅力和意义。例如,在古代文化中,道教强调"道法自然",认为万物与人都遵循着同一的道,这种观念强调人与自然的和谐共生。在中国古代诗歌中,许多诗人,如王维、杜牧等,在作品中强调人与自然的紧密联系,他们描述的景象常常融合了人的情感和自然的美景，体现了人与自然的和谐统一。此外，中华建筑和中式园林设计也深受这些观念的影响。传统的中式园林，如苏州的拙政园和北京的颐和园，都是在模仿自然的基础上创造而成的。这些园林旨在打造一个和谐的宇宙，其中人、建筑和自然水木都在和谐地共存。

2. 西式的人与自然对立与征服的观念

相较于中华文化的天人合一，西方在某一时期更多地强调人类的主宰地位。这主要与启蒙时代的科学革命和工业革命有关，当时的西方社会更加强调人类的理性和征服自然的能力。这种观念使西方在一段时间内迅速地发展起工业和科技，但也带来了对自然资源的过度开发和环境破坏等问题。例如，文艺复兴时期的欧洲，众多的探险家冒险探索新大陆，这种冒险精神背后是一种征服未知的决心。在此过程中，很多原住民文化和生态系统受到了破坏。近现代，随着环境问题的加剧，西方开始重新审视人与自然的关系。环境保护、绿色能源和可持续发展等概念应运而生。不少西方国家也开始转向绿色发展，鼓励发展节能减排和循环经济。但值得注意的是，尽管西方也越来越注重生态保护，但其文化背景和方法与中国文化存在显著差异。西方的生态保护往往更加侧重于科技和管理，而中国文化更加重视与自然和谐共生的哲学观念。

中西文化在生态观念上的差异，反映了两种文化在处理人与自然关系时的不同取向和方法，这对汉英翻译提出了挑战，例如，词语"天人合一"是中国生态文化中非常重要的一个哲学观念，表示人与自然的和谐共生。如果直接翻译为"heaven and man as one"，西方读者可能难以理解其真正的含义，更准确的、容易被西方读者接受的翻译是"the harmonious unity of humanity and nature"。再如，"绿水青山就是金山银山"是近年来在中国非常流行的一个说法，强调环境保护和可持续发展的重要性。直接的英语翻译如"Green waters and green mountains are gold mountains and silver mountains"不仅听起来有些拗口，还不能精准传递原文的深刻内涵。为了更好地传达其含义，译者可以将其翻译为"The true value of our environment is more precious than gold or silver"。

(二) 与自然生态相关的语言表达因素

汉语中有大量与自然、生态相关的习语和成语，如"山清水秀""崇山峻岭""山明水秀""大雨滂沱""晴空万里""朝霞不出门，晚霞行千里""蚂蚁搬家要下雨"等。这些习语和成语往往包含了丰富的文化和历史背景。而英语中，虽然也有许多与自然相关的习语，但它们的文化背景和含义往往与汉语不同。因此，在翻译这些习语和成语时，译者需要仔细权衡其字面意思和背后的文化含义，确保译文能够既忠实于原文又为英语读者所接受。

例如，"山清水秀"这个成语描述了一种非常美丽、清新的自然景色。如果直接翻译为"clear mountains and beautiful waters"，可能无法完全传达原文的意境，一个更好的译法是"pristine mountains and crystal-clear waters"，以更好地描绘那种未被污染的自然美。再如"大雨滂沱"描述了倾盆大雨的场景，直译为"big rain pouring down"可能会失去那种雨势的力量美，更有表现力、更专业的英语翻译是"a torrential downpour"。而汉语习语"蚂蚁搬家要下雨"的原意是蚂蚁在雨前会搬迁其巢穴，以避免被洪水淹没，这是一种民间智慧的体现，被人们用来预测天气。在翻译成英语时，译者需要确保这种观察和预测的含义可以被保留下来，因此可以翻译为"When ants move their nest, it's going to rain."。

第四节 节日文化因素的影响

一、节日文化基本认知

(一) 节日文化的概念与内涵

节日文化，如同历史的指南针，向人们指示一个民族的流转、进步与变迁的方向。每一个特定的日子，不论是为了缅怀伟大的历史人物，还是为了铭记历史的转折点，或是为了庆祝季节的变换，都与一个民族的身份、价值观和信仰紧密相连。它不仅仅是一种外在的庆典或仪式，更是对过去的回忆，对现在的珍惜，以及对未来的期望。节日文化不仅代表了一个民族的传统和习俗，还揭示了其内在精神世界的形貌。每一个节日都是一个民族对生活、对世界的独特解读。通过节日，人们可以理解一个民族如何看待生与死、欢乐与痛苦、过去与未来。这种深层次的文化内涵，是每个民族所独有的，并构成其与众不同的魅力。

每当节日到来，无论是城市的喧嚣还是乡村的宁静，都会浸染上浓厚的文化氛围。人们的行为、言语，甚至情感，都会受到节日文化的影响。在这些特定的时刻，可以说，整个民族都在共同参与一场庄重的仪式，无声地向世界宣告他们的存在和信仰。此外，节日文化也是体现民族团结和社会凝聚力的重要手段。在节日中，不论身份、地位、年龄几何，所有人都可以放下日常的忙碌和烦恼，共同分享这场文化的盛宴。这种深深的归属感和认同感，是国家和民族凝聚力的源泉。

（二）节日文化的内容与功能

节日文化是一种复杂的文化现象，它涵盖了与特定节日相关的各种习俗、传说、符号和表现形式，节日文化反映了人们对自然、社会、历史、神话等方面的认知、态度和情感，其内容和功能如图4-2和4-3所示。

1. 节日文化的内容

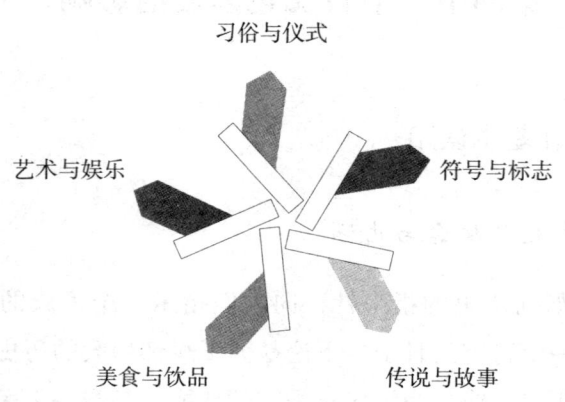

图4-2 节日文化的内容

（1）习俗与仪式。习俗与仪式是民族文化和历史传统的重要载体，它们为人们提供了一个表达信仰、传递价值观和强化社群认同的渠道。在节日里，习俗和仪式构成了庆祝的核心活动。例如，在某些节日中，舞蹈不仅仅是为了娱乐，还是人们通过特定的动作、步伐和节奏来传达神话中的故事或某种社会信息的方式。同样，在节日中人们在歌唱时也常采用古老的旋律和歌词，这些歌词通常包括对神灵的赞美、对先辈的怀念或对未来的祝愿。祈祷、焚烧香烛和布置环境等活动往往具有神圣的意义。有人相信它们能帮助人们与神灵建立联系，寻求庇佑和指引。这些习俗和仪式不仅仅是物质层面的活动，更是精神层面的追求，它们为人们提供了一个超越日常生活的时刻，帮助人们在庆祝的同时进行自我反思和心灵净化。

（2）符号与标志。符号与标志在节日文化中扮演着非常关键的角色，因为它们是传递深层意义的桥梁。每个符号都有其背后的寓意和故事。例如，心形符号不仅仅代表了爱情，更代表了人与人之间的深厚情感和紧密联系，而在情人节这一特定的日子里，心形符号是表达爱意和亲密的最佳选择。再如彩蛋是复活节的重要符号，它不仅仅是代表新生和希望，更象征着生命的延续和循环，每当复活节来临，人们都会装饰彩蛋，这不仅仅是为了庆祝，更是为了传递生命的积极信息和祝福。

（3）传说与故事。传说与故事是节日文化中最引人入胜的部分。它们为节日提供了丰富的背景和历史脉络，使每个节日都充满了神秘感和深意。这些故事可能来源于古老的神话、历史事件或民间传说。例如，某些农耕文化的节日，与收获、季节更替等紧密相关。而有的节日则可能与某一历史事件或重要人物有关。这些传说和故事不仅仅是为了娱乐，更承载了民族的智慧、经验和价值观。通过传承这些故事，人们可以学到生活的哲理，明白什么是对与错，什么是善与恶。更重要的是，它们为人们提供了一个共同的文化参照，增强了民族的团结和凝聚力。

（4）美食与饮品。美食与饮品在各种节日中都是不可或缺的角色。它们不仅仅满足了人们的味觉，更重要的是，还承载着深厚的文化传统和象征意义。在特定的节日里，某些食物和饮品尤为重要，因为它们与节日的主题或背后的传说紧密相关。例如，某些节日中的食物是为了纪念古老的传说或代表某种祝愿。这可能是因为它们的形状、颜色或味道与节日的主题相匹配。在这样的背景下，食物和饮品就不仅仅是为了满足身体的需求而制作的了，更是为了传递某种信息、祝愿或情感。对很多人来说，节日的美食和饮品也是一个回忆家乡、重温传统的方式。

（5）艺术与娱乐。艺术与娱乐是节日庆祝的重要组成部分，它们为节日带来了欢乐与活力。通过音乐、舞蹈、戏剧和游行等形式，人们可以更好地表达自己的情感，分享自己的喜悦，并与他人建立更加紧密的联系。

其中音乐在节日中扮演着非常重要的角色，它可以调动人们的情感，使人们得到心灵上的共鸣。特定的节日往往有与之相关的特定音乐，这些音乐不仅仅是为了娱乐，更是为了传递某种深层次的信息或情感。舞蹈、戏剧和游行等形式的艺术表演则为节日增添了更多的色彩和活力。它们为人们提供了一个展示自己才艺的平台，同时为观众带来了极大的视觉和听觉享受。此外，这些艺术表演还可以帮助人们更好地理解节日的主题和背后传说的意义。

2. 节日文化的功能

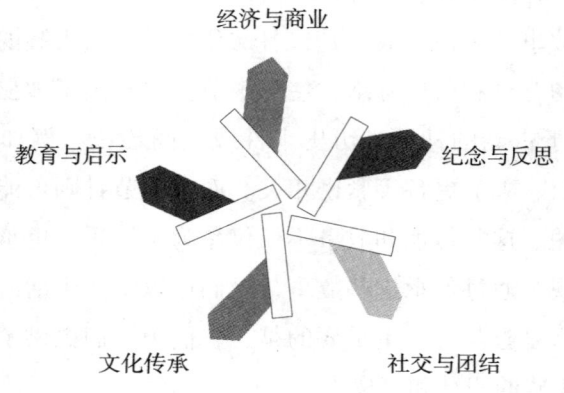

图4-3 节日文化的功能

（1）纪念与反思。每当特定的节日到来时，人们总会回顾与这个节日相关的历史或传说。这种纪念不仅是对过去的尊重，还是对历史的反思和对未来的展望。纪念活动让人们深入思考人类的历史进程、社会变革和文化交流，并从中吸取经验和教训。在纪念的过程中，人们也会反思自己的行为，审视当下的社会问题，提醒自己不忘初心，牢记使命。这种反思不仅增强了人们的历史责任感，还为社会的进步和个人的成长提供了动力。

（2）社交与团结。节日是人们互相交往的重要时机。在节日中，不论是家庭成员之间、朋友之间，还是邻里之间，都会有更多的互动和交流。这种交往不仅加深了人们之间的情感纽带，还促进了社会的和谐与团结。家庭成员间的团聚，朋友之间的聚会，或是邻里共同的庆祝活动，都增强了人与人之间的联系，使整个社会更加团结。这种团结对社会的稳定和发展具有重要的意义，它让人们在面对困难和挑战时，有更强的凝聚力和战胜困难的信心。

（3）文化传承。节日是文化遗产的一个重要组成部分，它为文化的传承提供了一个生动的平台。在节日中，古老的习俗、传统的知识和价值观都可以在新的时代背景下得到再现和传承。家长会向子女讲述与节日相关的故事和传说，师长则会在学校教授节日的历史和意义。这种传承不仅能使年轻一代了解自己的文化和历史，还让他们对自己的文化认同有更深的认识。同时，节日为文化的交流和融合提供了机会，使不同的文化能够互相学习和借鉴，共同进步。

（4）教育与启示。节日不仅是庆祝的时刻，还是学习与成长的时机。很多节日中的传说、故事和习俗都带有某种道德教诲目的或哲理意味。这些传统的智慧对培养人们的道德观念、社会责任感和世界观有着深远的影响。例如，很多节日的故事都教导人们如何在困难中坚持、如何珍视家庭与友情、如何与他人和平共处。对儿童来说，这些故事是他们初步理解世界和建立价值观的重要途径。而对成年人来说，节日中的哲理则为他们提供了反思自身行为、思考人生意义的机会。总之，节日通过各种方式对人们进行道德教育和生活启发，帮助人们成为更好的自己。

（5）经济与商业。随着社会的发展和经济全球化进程的发展，节日已经不仅仅是文化和宗教方面的庆祝，还与经济和商业紧密相连。节日期间，各种促销活动、特别商品和节日限定产品纷纷出现,吸引着消费者的注意。商家利用这些特殊时期提高销量,推出与节日相关的广告和促销活动。此外,旅游业也受益于节日。许多人会选择在节日期间旅行,参与当地的庆祝活动,体验异地的文化和风俗。餐饮业同样如此,很多餐厅会提供节日特色菜单,吸引食客。这种经济活动不仅促进了商业的繁荣,还为当地的经济增长做出了贡献。总的来说,节日在经济和商业领域中的角色日益重要,已经成为推动经济增长的重要因素之一。

二、影响翻译的节日文化因素

(一)节日名称

在汉英翻译中,中国传统节日的名称往往带有丰富的文化背景信息和深刻的意蕴。例如,"中秋节"直译为"Mid-Autumn Festival",但"中秋"所代表的月圆、家人团聚和对远方亲人的思念情感并未包含其中。因此,翻译时不仅要保持原名的准确性,还需要考虑如何传达节日背后的文化和情感。其他中国传统节日的翻译如下。

春节——the Spring Festival

元宵节——the Lantern Festival

清明节——the Tomb Sweeping Day

端午节——the Dragon Boat Festival

七夕节——the Double Seventh Day

重九节——the Double Ninth Day

(二)节日习俗

习俗是一个民族或地区的人们长期形成并代代相传的生活方式和行为习惯。中国的传统节日习俗与历史、地理、民间信仰等因素紧密相关。例如,端午节的"赛龙舟"与屈原的故事紧密相连。当译者将"赛龙舟"翻译为"dragon boat racing"时,外国读者可能只知道这是一种赛事,但对背后的屈原故事和这一习俗的文化意义可能一无所知。因此，为了更好地传达这些习俗的文化内涵，翻译时可能需要加入注解或额外的说明。再如春节放鞭炮、贴春联的习俗与"年兽"的故事有关，译者在翻译这些习俗时可以简要介绍一下"年兽"的故事。

年兽的故事大致如下。

传说在古时候，有一种叫"年"的怪兽，每到农历年末都会出来害人。它的特点是吃小孩，因此每到年关，村民们都会带着老人和孩子远远地躲避，以免为"年"所害。但是，这个怪兽有一个弱点，它非常害怕红色、火光和巨大的声音。之后有一年，一位老人来到村庄，他告诉村民们，只要用火把照亮家中，挂上红色的对联，再放鞭炮制造巨大声响，就可以把"年"赶走。村民们按照老人的方法去做，果然，那夜"年"被吓跑了。从此，每到农历新年，放鞭炮、挂红对联、点灯守岁就成了传统，以驱邪纳福，庆祝新年的到来。这个传说经过长时间的流传，逐渐演变成现在放鞭炮的习俗，而"年"这个词也有了表示农历新年的义项。因此，春节放鞭炮不仅仅是一种形式，更是中国文化中庆祝新的开始、迎接新年好运的象征。

用英语简要介绍这个故事译文如下。

Long ago in ancient China, there was a mythical beast named "Nian". Every Lunar New Year's Eve, Nian would emerge to terrorize villages, especially targeting children. To avoid Nian's wrath, villagers would flee their homes and hide in remote areas.

However, one year, an elderly man visited the village and revealed that Nian was afraid of loud noises, the color red, and bright lights. He advised the villagers to light their homes with fire, hang red couplets on their doors, and set off firecrackers to ward off the beast. Heeding his advice, the villagers did as instructed. That night, the fearsome Nian was scared away by the blazing lights, vibrant red colors, and loud bangs from the firecrackers.

From then on, setting off firecrackers, displaying red decorations, and lighting up homes became an annual tradition to celebrate the New Year and ward off bad spirits. Over time, the word "Nian", which originally referred to the beast, also came to mean "year" in Chinese. Thus, the act of setting off firecrackers during the Lunar New Year is not just a ritual but symbolizes the Chinese culture's celebration of new beginnings, the expulsion of misfortunes, and the welcoming of prosperity.

(三)节日美食

中国拥有悠久的历史和丰富的文化传统,众多的节日都有与之相关的特色美食。一些中国传统节日及其对应的节日美食如下。

1. 春节

(1)饺子(dumplings):谐音交子,有交替更迭,辞旧迎新的美好寓意,象征着新的一年,喜庆吉祥,幸福团圆。

(2)年糕(nian gao):正月初一吃年糕,寓意年年高升富贵吉祥的寓意。年糕为糯米制作而成,软糯可口,做成鱼形状的年糕更是受到广泛欢迎,有年年有余的寓意。

(3)春卷(spring roll):在古代的时候春节和立春是同一天,因此春节吃春卷有迎春的寓意。春卷是用薄薄的饼皮包裹着几种蔬菜的食物,入油锅炸到金黄,春卷里面卷着的蔬菜,有春意盎然的意思。

2. 元宵节/灯节

元宵/汤圆(yuanxiao/tangyuan):一种含有各种馅料的甜味糯米团子,其圆润的外形,代表家庭的团圆和完满。

3. 清明节

青团(qingtuan):一种绿色的糯米团子(绿色是因为加入了艾草汁),通常包裹红豆或其他甜馅,具有纪念先人、追求团圆之意。

4. 端午节

粽子(zongzi):由糯米和各种馅料(如红豆、咸蛋、肉)制成,用竹叶包裹并蒸熟，吃粽子主要是为了表示对屈原的崇敬和怀念，后延伸出求取功名、光宗耀祖之意。

5. 中秋节

月饼 (mooncakes)：甜或咸的小蛋糕，内含各种馅料，如莲蓉、五仁和蛋黄，具有祈祷家人团圆、祝福平安的寓意。

6. 重阳节

重阳糕 (Chongyang cake)：一种代表高升的多层糕点。

由此可见，美食在中国传统节日中扮演着重要角色，它们不仅是满足口腹之欲的食品，还承载了丰富的文化和历史意义，在翻译时，如何在保持食物名称准确性的同时，传达其背后的文化和情感，是译者面临的一大挑战。

第五章　汉英翻译中的跨文化问题及策略

第一节　文化背景知识的获取与运用

一、文化背景知识的重要性

　　翻译不仅仅是文字和语句之间的转化，还涉及更深层次的跨文化交流。译者在处理词汇时，实际上是在解读、理解和转达两种不同文化中的信息。因此，译者不仅需要对语言本身有深入的了解，还需要对相关的文化有深刻的认知。汉语和英语作为两种具有丰富文化背景的语言，存在着许多的差异。这些差异不仅体现在词汇和语法结构上，还更深层次地体现在人们的思维方式、价值观和世界观上。因此，在进行汉英互译时，单纯地进行文字上的转换是远远不够的，译者需要深入挖掘每一个词汇背后的文化含义，理解它在源语言中的文化背景，然后再将这种文化含义准确地转达给目的语言的读者。此外，文化差异还会导致汉语和英语的使用者对同一事物有不同的认知和联想。这就要求译者在进行翻译时，不仅要准确地传达信息，还要确保这些信息在目的语言的文化背景下是合理和可接受的。下面以一组颜色词汇的联想意义为例进行分析。

（一）颜色词汇知识的重要性

1. 红色

在汉语和英语的文化背景中，颜色"红"有着不同的象征意义。在中文里，"红"往往与吉祥、幸福相联系，同时与社会主义和革命有关，如"又红又专"即表示某人既忠于党又有专业能力。但在英语文化中，大写的"Red"不代表革命的意味，还指涉及苏联或其他共产主义国家的内容，这样的描述对一些英语读者而言可能会带来负面的联想。

这种文化和语言差异在《红楼梦》的英语翻译中有充分的体现。为了避免英语读者对"red"产生不必要的误读和联想，大卫·霍克斯（David Hawkes，第一个《红楼梦》英文全译本译者）决定不直接用"red"来翻译书名，而是选择了"The Story of the Stone"。他进一步修改了书中与"红"有关的地方，例如，将"悼红轩"翻译为"Nostalgia Studio"，"怡红院"翻译为"the House of Green Delights"。这样的翻译旨在避免文化冲突和误解，使英语读者更容易接受。然而，杨宪益和戴乃迭选择了不同的策略，他们更注重原文的宗旨和内涵，决定保留"red"，将《红楼梦》译为"A Dream of Red Mansions"。这表明翻译者在面对同一原文时，会因其对文化和语境的理解而做出不同的选择，这也反映出翻译活动的高度主观性。

2. 蓝色

在英语中，"blue"经常与忧郁或悲伤相联系。人们可以从"blues"一词中捕捉到这种情感色彩，它代表了一种情感深沉且带有忧伤情绪的音乐风格。此外，"in a blue mood"是描述一个人处于忧郁状态的常用表达。与此同时，"blue"在英语中还可以指贵族或高贵的出身，如"blue-blooded"。这两种从"蓝色"延伸出的内涵，在汉语中几乎没有直接对应的表达。

3. 绿色

"绿色"在英语和汉语中也有着不同的文化解读。在英语中，"green"常用来形容一个人的新手状态或者经验的不足，如"a green hand"。但这种与经验不足相关的表达在汉语的"绿色"中并不存在。再如，英语中用"green-eyed"或"green with envy"来形容妒忌的情感，而汉语中对应的描述是"眼红"或"害红眼病"。绿色在汉语文化中也具有一定的贬义色彩。尤其是在日常生活中，绿色常与婚姻不忠联系在一起。例如，"绿帽子"一词可以用来形容一个男人的妻子对他不忠，因为在古代戏曲表演中，戴绿帽子的角色往往是被妻子欺骗的丈夫。这种含义使绿色在某些情境下具有负面内涵。而英语中相应的"wear a green bonnet"却与经济破产相关。

4. 黑色

在汉语和英语中，"黑色"和"black"都有一系列的联想意义，汉语中的"黑色"经常与负面情绪或事物相联系，如"黑暗"代表光明的对立面，"黑市"指代非法交易，而"黑手党"则是犯罪组织的代名词。然而，其正面的含义也不容忽视，例如，"黑色头发"通常与东方人的特质相联系，代表健康和青春。此外，在古代中国的五行学说中，黑色与"水"元素、北方以及冬天对应。相对地，在西方文化中，"black"也经常被用于描述一些消极概念，如"black list"（黑名单）或"black magic"（黑魔法）。但在某些场合下，如"black tie event"，"black"代表正式和庄重。值得一提的是，"Black Friday"这一特定日子，是感恩节后的第一个星期五，商家会提供大量的折扣，预示着假期购物季的开始。

（二）动物词汇知识的重要性

动物在各个文化中都有其特定的象征意义和联想意义，这些联想和象征意义常常与某个文化的历史、信仰和社会价值观有关。因此，当谈及与动物相关的词汇翻译时，仅仅直译往往并不能准确传达原文的深层含义和情感色彩，这也是为什么翻译不仅仅是语言转换，还需要译者对两种文化进行深入的对比和理解。

例如，在中文里，与狗相关的词汇和成语，如"狗仗人势""狐朋狗友""狗眼看人低"和"狗嘴里吐不出象牙"等，多带有贬义，这在一定程度上反映了中国文化对狗的某种固有看法。但在英语中，与"dog"相关的表达，如"lucky dog"和"top dog"则具有积极和正面的含义。再如"龙（dragon）"和"凤（phoenix）"。在中国文化中，龙常常与权力、尊贵和吉祥联系在一起，如"望子成龙"和"龙凤呈祥"，而在西方文化中，龙常常与邪恶、贪婪和破坏力量联系在一起。这就要求译者在进行翻译时，不仅要理解源语言的文化背景，还要对目的语言的文化和社会背景有足够的了解，才能确保翻译的准确。

（三）历史文化知识的重要性

翻译是一种深度的跨文化交际活动，涉及多个复杂方面，其中历史文化背景知识对准确翻译的重要性不言而喻。正确理解历史背景可以避免对信息的误读和误解。对译者来说，仅仅掌握语言结构和词汇知识是不够的，他们还必须深入了解文本背后的文化和历史语境，否则就可能在翻译过程中传递出错误的信息。例如：

故宫博物院原为紫禁城，已有五百五十年历史。

译为"The Palace Museum was originally the Forbidden City, and it has a history of 550 years."。

众所周知，故宫博物院是中华人民共和国成立后才建立的，不会有550年的历史。实际上，是故宫已有550年历史而不是博物院，因此该句应翻译为："The Palace Museum is housed in the palaces of the former Forbidden City, which has a history of 550 years."。

由此可见，如果译者对中国历史的某些关键事件或时间点缺乏足够的了解，他们就很可能会对原文的意图理解得不够到位，从而导致翻译失误。

此外，对历史文化背景的深入理解还有助于译者把握文本的真正含义，从而将之更好地传达给目标读者。文本不仅仅是语言，还承载了丰富的文化和历史信息。如果译者能够深入了解和领会这些背景知识，他们就能更好地为目标读者构建一个清晰、准确、生动的图景，使他们能够更深入地了解和欣赏原文的精神和情感。

二、获取和应用文化背景知识的方法

在翻译过程中，获取和应用两种语言文化中的文化背景知识是至关重要的。这样做不仅可以确保译文的准确性，还可以确保信息的完整性和真实性。翻译过程中获取和应用文化背景知识的几种方法，如图5-1所示。

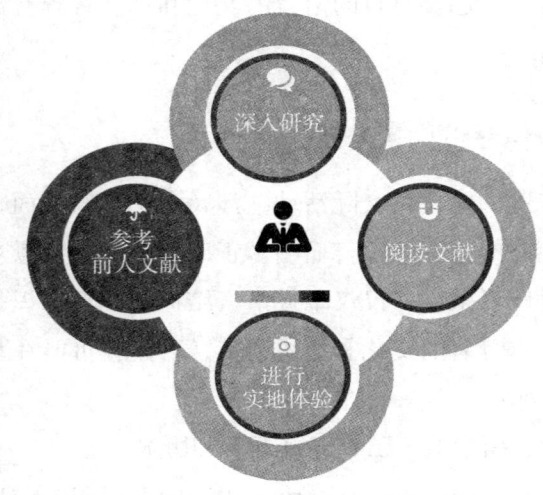

图 5-1　获取和应用文化背景知识的方法

（一）深入研究

译者应该持续地对两种语言的文化进行深入研究。这包括了解历史、宗教、习俗、价值观、社会结构等。熟悉这些内容可以帮助翻译者更好地理解文本的深层含义。例如译者翻译古典文学作品，如《红楼梦》时，仅依赖语言翻译技能是不够的，还要考虑这部小说的历史背景、封建社会的家庭结构以及众多细致的人物关系。如果没有深入研究这些方面的知识，翻译的内容就可能丧失其深层的文化内涵。例如，在故事中，贾宝玉与林黛玉的关系远非简单的男女恋人关系，而是受封建社会道德观、家族关系和多种其他因素影响的复杂情感。在将这部作品翻译成英文时，译者需要确保这种复杂性被传达出来，而不应仅仅停留在表面的情感描述上。

（二）阅读文献

广泛阅读两种文化的文献、新闻、杂志、小说等可以帮助译者更好地了解文化背景。这也可以增强翻译者的语言能力和文化意识。例如，译者可能会遇到如下语句："他心里七上八下的，不知如何是好。"这句话直译为"He was seven up and eight down, not knowing what to do"对英语读者来说可能不太容易理解，但如果译者已经广泛阅读了英语文献和小说，他可能会选择译为"He was in a turmoil, not knowing what to do."。这样的翻译更符合英语读者的阅读习惯，而且更易于理解。

（三）进行实地体验

如果可能的话，翻译者应该尽量亲自体验源语言文化。通过旅行、与当地人交往、参加当地活动等方式，翻译者可以从第一手经验中获得深入的了解。例如，中国的"麻婆豆腐"是一道非常受欢迎的菜肴，但要真正理解它的味道和制作方法，最好的办法就是到当地去亲自品尝。假设一个译者受到委托，要翻译一个关于"麻婆豆腐"的文章，如果他之前已经到四川亲自品尝过这道菜，并了解过其背后的故事和文化，他在翻译时就能更加真实和准确地传达这道菜的特点。相反，如果只是依靠文字描述，译者就可能无法完全捕捉到"麻婆豆腐"的独特之处。

（四）参考前人翻译

其他翻译家译者处理相似文化难题的方法，可以作为参考。不仅可以提供灵感，还可以帮助译者避免常见的误解和错误的发生。历史上，许多经典的中文作品已经被多次翻译成英文。不同的译者可能会对同一文本采取不同的策略，有的注重忠实原文，有的则更注重目标文化读者的接受度。例如，《红楼梦》在过去的一个世纪里，被多次翻译成英文，每个版本都有其独特的风格和特点。

翻译者可以从前人翻译中学到如何处理特定的难题，如对话中的礼貌用语、对特定文化习俗的解释，或者对古文中难以捉摸的意象的翻译。例如，中文中有"云淡风轻"这一表述，直接翻译成"light wind and sparse clouds"可能不能完全捕捉其意境。但在查阅了前人的翻译后，译者可能会发现"a gentle breeze with wispy clouds"更能表达原文的意蕴。

此外，前人的翻译也可以作为一个验证工具。如果多数前人的译文都采用了相似的译法，那么这可能是一个值得考虑的方法。但如果前人的译文存在明显的差异或争议，那么译者则需要更加小心地权衡每种选择的优缺点。但参考前人的翻译并不意味着盲目遵循。每一代的译者都是在特定的社会和文化背景下工作的，有时，新的翻译策略和方法可能会更有助于当代读者的理解。因此，虽然前人的翻译是一种宝贵的参考，但译者仍需要根据自己的判断和目标读者的需要进行选择和创新。

第二节 文化特色词的翻译

一、文化特色词的概念与内涵

文化特色词指反映某种文化现象，体现某种文化认知，折射某种生活方式的词语。文化特色词是一种独特的词汇，它们在不同的文化和语言背景中有其独特的色彩。学术界对这类词的界定和归类，尽管存在多种观点，但核心理念都是，这些词既能反映特定民族的文化和历史，又具有其独特的社会和文化背景信息。有些文化特色词是因某一民族的特有事物或现象而产生的，这些词在其他语言中很难找到确切的对应，如"长城"这个词就具体指代了中华文明的一大建筑奇迹，而"对联"则描述了一种中国传统的文化形式。另外，历史也为某些词汇赋予了内涵丰富的文化语境，例如，"状元"不仅仅代表考试的状元，还承载了古代科举制度下人们对学科举优胜者所获得的荣誉和期望，而"丝绸之路"则代表了古代东西方文化、经济交流的主要通道。

但文化特色词不仅是具有浓厚历史和民族色彩的词汇，还可能是在长时间的历史发展中被赋予特定文化意义的词语。例如，"大锅饭"这个词在中文中不仅表示共同享受的饭菜，还意味着公平分配，或者不按劳取酬的意思。同样，"夜猫子"不仅仅指晚上活跃的猫，还暗示了一些人的生活习惯或工作特性。而在中国文化中，"梅兰竹菊"不仅仅是四种植物，还分别象征了坚韧、高洁、正直和谦逊的品质。熟语和典故中，如"拔苗助长"或"破釜沉舟"，都植根于丰富的历史和文化故事之中，为现代人带来深刻的启示。

日常生活中的一些用语也可能充满文化特色，例如，"过奖"在中文中是一种谦虚的回应，而"意思一下"可能表示某种感激或回馈的意向。总之，文化特色词是那些深刻反映、体现或折射某种文化现象、文化认知或生活方式的词语，是文化和语言之间的桥梁，可以让人们更好地理解不同的文化背景。

二、中国文化特色词及其特点

（一）中国文化特色词内涵解析

中国文化特色词是在汉语中特有且承载了丰富文化信息的词汇。这些词语往往生长于中华大地上，受千年文明的熏陶和影响，反映了中国独特的地理、历史、社会和文化背景。这类词语并非简单的名词或形容词，它们承载的是一种文化印记和深厚的历史积淀。

正因为中国文化特色词具有这样的属性，当它们被用于跨文化交流时，往往不容易在其他语言中找到完美对应词。例如，某些文化特色词可能描述了中国特有的事物、事件或情境，这在其他文化中是难以找到相应概念的。这就要求译者在翻译或解释时，不仅要传达该词的字面意义，还要传递其所蕴含的文化情感和背景知识。简而言之，中国文化特色词不仅是语言的表现，还是文化和历史的见证，它们展示了中华民族的独特文化和深厚的文化底蕴。

1. 展现本民族的文化个性

中国文化特色词深刻反映了中华民族独有的文化精髓和历史情感。这些词不仅仅是语言的表达，更是千年文化历程的积淀。正因为其基于独特的历史、地理、社会和人文背景，这些特色词汇才得以孕育并流传至今。它们是中华文化中民族情感、思维和经验的具象化。

例如，"福"在中华文化中不仅仅是一个单纯的祝愿词。从字形解析来看，"福"字结构中的"示"代表祈祷，而右侧则象征着人们对安稳、充足生活的期望。这样的解析说明福不仅意味着物质上的富饶和安定，还是人们对生活的美好祝愿。在各种传统习俗中，从春节时的"福字倒贴"习俗，再到与"福"相关的众多词语，如"福气""福报"等，都体现了中华民族对幸福和吉祥的追求。而"寿"这一概念，更反映了古代中国人民在困境中对生命的尊崇与珍视。在古代封建社会，面对频繁的天灾人祸，人们深知生命的脆弱，因此高度尊崇那些能够长寿的自然象征，如松、鹤、龟。同时，孔子等古代圣贤提出的"仁者寿"的观念，也强化了社会心理种道德修为与生命长寿之间的紧密关系。

综合"福"与"寿"的内涵分析，可以看到，这两个词所代表的不仅是生活中的物质追求，更多的还是中国人对美好人生的情感寄托。这种情感寄托也深刻地体现在其他类似的文化特色词中，如"福寿安康""五福同寿"等，它们都蕴含了中华民族对生命和福祉的深厚情感。这些词的背后，隐藏的是一种民族性的文化个性，是对生活、对世界的独特感知和解读。

2. 表示特定的文化内涵

中国文化特色词汇，作为一种独特的语言现象，深刻反映了中国文化的主要内涵。这类特色词汇往往是经过长时间的文化积淀、历史沉淀形成的，背后蕴含的意义通常超越了其表面含义，与中国特有的文化、历史、风俗和信仰紧密相连。通过观察事物的自然属性与文化内涵的关系，人们会发现，中国文化对事物的解读充满了诗意与哲理。例如，人们为自然界中的动植物赋予的内涵，通常都与人的情感、品质和生活态度息息相关。

在汉语的古诗词中，鲜花和植物经常被用作比喻和象征。例如，"人面桃花相映红"，这里的桃花不仅仅代表了自然的美景，更体现了人的情感与自然界的和谐关系，同时表达了对少女美丽容颜的赞美。又如，"出淤泥而不染"形象地描绘了荷花在污泥中生长但又不受其污染的特性，代表了人们对纯净、高尚的情操的赞赏。再如，爱情在中华文化中常被隐喻为动植物。红豆，作为一种常见的食材，被用来象征着远方的思念和深沉的爱恋。而"君当作磐石，妾当作蒲苇"一句，通过坚硬的石头和柔韧的苇草，形象地描述了爱情中的互补与共生，坚定与执着。

这些中国文化特色词语，不仅仅是语言的象征，更是中华民族情感、思维和哲学的体现。它们揭示了人与自然、人与人之间的和谐关系，也体现了中华文化对和谐、坚韧等美好品质的追求和崇尚。

（二）中国文化特色词主要特点

中国是一个拥有五千年历史文明的大国，在拥有丰富的文化遗产的同时，拥有深厚的语言积淀。语言有记录和保存的功能，因此诞生了描述这些文化遗产的词语。从中国文化特色词的概念与内涵中，可以看出中国文化特色词的主要特点。中国文化特色词的主要特点，如图5-2所示。

图5-2　中国文化特色词主要特点

1. 独特性

中华文明拥有五千年的历史，漫漫的历史长河孕育出了众多独具特色的文化符号。例如，"皇帝"，在其他文化中也有给统治者的相应称号，但它背后所承载的封建帝制、继承规则和礼仪制度，是其他文化中难以找到的。同样，"中国结"不仅仅是一种手工艺品，还代表着祥瑞、和谐与团结。"儒家思想"刚代表了一种深入骨髓的人文理念,对道德、伦理和社会秩序的追求,这在世界的其他地方也是难以找到的。这种独特性是中华文化的魅力所在,即便在经济全球化的今天,它依然保持着自己的鲜明个性。

2. 创造性

随着时代的变迁,中国文化特色词并没有停滞不前,而是与时俱进,展现出中国人强大的创造性。民众在历史的长河中不断地为文化注入新的活力,创造出新的词语来反映当下的生活和对生活的思考。例如,"中国风音乐"这个词语,并不是古已有之,但准确地描述了一种将传统元素与现代旋律相结合的音乐风格。这种音乐在当今的文化环境下产生,融合了古老与现代,东方与西方,显示出中国人在新的时代背景下的创造性。

3. 时效性

中国文化特色词的时效性特征指随着社会、经济、技术等各方面的变革,文化和语言也随之发展和演变,产生新的词汇和概念来描述和反映这些变化的特点。这种特性让文化与语言始终能够与时代同步,准确地捕捉并描述各种新的社会现象、趋势和思潮。例如,"网红打卡地"这一词语产生于社交媒体和移动互联网被大力普及的背景下,描述了现代人在特定场所或商家进行拍照、分享的行为,以及由此产生的一种消费和旅游趋势。这个词语准确描述了现代生活中的一种新趋势,反映了人们的生活方式、消费观念和社交习惯在互联网时代的变化。时效性特征还意味着,一些曾被广泛使用的词语,可能因为文化、社会或技术的变革而逐渐被新的词语取代,或其原有的含义发生改变。这种变化和演进是文化与时代相互作用的直接体现,体现了文化的活力。

三、文化特色词的翻译方法

中国文化特色词种类丰富,包括词、词组和习语多个类别,其中习语又包括成语、俗语、谚语、俚语、歇后语、行话等。接下来笔者将从多个层面探讨中国文化特色词的翻译方法。

（一）常见文化特色词的翻译方法

常见的文化特色词指与人们日常生活关系比较密切的或使用频率较高的具有中国文化特色的，由两个字或三个字组成的文化特色词，如饮食类文化特色词、建筑类文化特色词和服饰类文化特色词。

1. 饮食类文化特色词翻译方法

（1）直译法。对于饮食类文化特色词中内容比较简单的食物名称，直译就能使读者了解其基本含义，例如：

馒头——steamed bun

青稞酒——barley wine

烤乳猪——roast suckling pig

酸汤鱼——fish in sour soup

荞麦饼——buckwheat pancake

（2）音译+释译法。在饮食类文化特色词中，人们通常会采用音译的方式来翻译一些简单的主食名称，利用汉语拼音来保留其原始的发音和特点。例如，"锅贴"可以音译为"Kuo Tieh"。但仅靠音译，外国人可能难以理解这道菜的真正含义和特点。因此，结合释译法进行具体介绍是非常有必要的，具体译文如下："Kuo Tieh"（锅贴）is a traditional Chinese snack originating from Northern culinary traditions. It is essentially a type of dumpling that is both pan-fried and boiled, resulting in a crispy exterior and a tender, flavorful filling.（锅贴是一种传统的中国小吃，源于北方饮食文化。它其实是一种半煎半煮的饺子，外皮脆香，内馅鲜嫩。）

2. 建筑类文化特色词翻译方法

音译+释译法是译者翻译建筑类文化特色词的有效方法，这种方法不仅仅是为了保留词语的原始发音，还能确保词语背后的文化和历史内涵能够被准确地传达给读者，如"胡同"和"四合院"的翻译。

（1）胡同（Hutong）。"胡同"是北京老城区的独特街巷结构的代表。它的音译"Hutong"在国际上已逐渐为人所熟知，但仅仅音译是难以完全传达其背后丰富的文化和历史意义的。因此，加上释译，如"北京的古老小巷"（Beijing's ancient alleyways）或"传统的城市街道"（traditional urban streets），可以帮助外国读者更好地理解和感受"胡同"的独特文化和历史背景。

（2）四合院（Siheyuan）。"四合院"是一种传统的中国庭院住宅，特点是分布于四面的建筑环绕一个中心庭院。通过音译为"Siheyuan"，译者为国际读者提供了一个与原词接近的发音。但为了更好地解释其结构和文化意义，译者需要添加释译，如"中国人传统的、四面环绕庭院的住宅"（Chinese traditional residential courtyards surrounded on all four sides）。这样的释译不仅揭示了四合院的建筑特点，还对其背后的家族中心主义和传统的生活方式有所交代。

3. 服饰类文化特色词翻译方法

（1）音译法。音译法的优势在于能够保留原词的声音，让外国读者能够通过正确的发音更好地理解并接纳这一文化特色。但是，单纯的音译可能会使原词的具体意义变得模糊，导致文化信息的丢失。例如，旗袍（Qipao）和深衣（Shenyi）。旗袍是中国女性的传统服装，它有独特的领、袖和裙型，是现代与传统的融合，音译为"Qipao"能让外国读者对其发音有所了解，但可能缺乏对其深入的文化背景知识的介绍。而深衣，则是中国古代的传统服饰，体现了中国古代的穿着风格和审美观念。

（2）音译+直译法。这种方法结合了音译和直译的优点，能够同时传达词汇的发音和具体意义。例如，包头巾可翻译为"Baotou head towels"和中山服可翻译为"Sun Yat-sen uniform"。这样不仅可以准确地传达原词的声音，还能够为读者提供更多的文化背景信息。

包头巾在某些地区是女性常见的头饰，它既有实际的功能，如遮阳、保暖，也有象征的意义，如宗教信仰或身份的标志。"Baotou head towels"这样的翻译，使读者不仅能了解其发音，还能知道它是头巾的一种。而中山服，是近现代中国男性的标准服装，它是由孙中山先生推广的，并被视为中国服装现代化的象征,将其翻译为"Sun Yat-sen uniform",既强调了它的历史背景,又解释了它的实际功能。

(二) 成语的翻译方法

1. 直译法

采用直译法翻译成语,能够最大限度地保留原文的意象和风格,同时让外国读者更加直观地理解源语言的文化背景。例如,"彻夜不眠"这个成语,字面意思是整夜都不睡觉。如果采用直译法,可以翻译为"stay up the whole night"。这种翻译方式保留了成语的字面意义并生动形象,同时为外国读者提供了一个清晰、易懂的解释。一方面,这种方法忠实于原文,确保成语的原始内容得到精确而不变形的表达。另一方面,它为读者提供了一种清晰、直观的解释,使外国读者不仅能理解文字的意思,还能从中感受到源语言的文化背景。其他使用直译法翻译的成语的例子如下。

随波逐流——go with the tide

牢不可破——so strongly built as to be indestructible

史无前例——without precedent in history

攻其不备——strike somebody when he is unprepared

2. 意译法

一些汉语成语具有鲜明的民族特色,基本上不可能都通过直译法保留原来的风格和喻体,此时译者应采用意译法来简洁有效地传递成语的喻义。例如,成语"初露锋芒",采用直译法的译文是"show primarily one's blade",这样的翻译只会给读者带来疑问,如为什么要露出刀刃。露出刀刃想做什么,但成语中的"锋芒"其实喻指一个人的才能或者力量,因此该成语可以采用意译法翻译为"show primarily one's talent"。更多意译成语的例子如下。

眉飞色舞——beam with joy

落花流水——be shattered into pieces

迎刃而解——be readily solved

前赴后继——advance wave by wave

孤注一掷——at all hazards

趾高气扬——carry one's head high

3. 省译法

省译法指在目的语译文中省略部分成语内容的翻译方法，这种方法初看起来可能像是丢失了某些信息，但其实它是为了更好地传达原文的核心意义，确保目标读者能够轻松、自然地理解。在翻译成语时，译者尤其需要考虑如何确保目的语文化中的读者能够准确领会原文的寓意。

例如，"自吹自擂"这个成语，字面上的意思是"吹自己的喇叭、擂自己的鼓"，形容自夸、自赞的行为。如果按照字面翻译，可能会让外国读者感到困惑，因为他们并不熟悉这一成语的文化背景和具体情境。因此，使用省译法，将其译为"blow one's own trumpet"不仅简洁，还确保了原意传达的准确性。在英语中，"blow one's own trumpet"已经是一个固定的短语，用于描述自我吹嘘的行为，与"自吹自擂"的意思十分接近。这样的译法使英语读者能够快速地理解这个成语的含义，而无须深入研究其字面的意思或背后的文化背景。其他使用省译法翻译的成语示例如下。

能工巧匠——skilled craftsman

称兄道弟——call each other brothers

赤手空拳——to be bare-handed

心慈手软——soft-hearted

自给自足——self-sufficient

天长地久——eternal like skies

无影无踪——vanish without any trace

安家落户——make one's home

第三节　语境的转换与翻译

跨语言交际活动的语境可分为源语语境（表达语境）和译语语境（接受语境）。由于语言和文化差异，源语语境和译语语境之间存在着语境差。语境差不仅表现在语言语境方面，还表现在非语言语境（如物理环境、文化背景、阅读心理）方面。就语言语境而言，语境差不仅表现在语形（如语音和语法）上，还表现在语义（如表层义和深层义）上。翻译是解码和编码的过程，也是把源语语境转化为译语语境的过程。在这一过程中，译者应该考虑源语语境和译语语境之间的语境差，构建符合译语行文的译语语境，因为译语读者是在译语语境中理解译语的。作为对象语言的关键词语，如采用音译或意译，而不考虑接受语境，译文就不会为目的语读者所接受。

第六章　跨文化视角下汉英翻译实例分析

第一节　汉英文学翻译实例分析

一、文学翻译基本认知

（一）文学翻译的概念

文学翻译指将文学作品从一种语言翻译成另一种语言的过程。与其他形式的翻译不同，文学翻译不仅仅关注文字的字面意义，更重要的是传达原作的情感、风格和文化背景。它需要译者对源语言和目标语言都有深入的理解，同时有深厚的文学修养。

（二）文学翻译的功能

文学翻译的功能主要体现在它服务于跨文化交流和深化人们文化理解的方式和过程上。文学作品是一个民族或文化的镜子，反映了其历史、风俗、信仰和价值观。因此，当一个文学作品被翻译成另一种语言时，它实际上为读者打开了一个通向另一个文化世界的窗口。也就是说，文学翻译在不同的文化、民族之间建立了一个沟通的桥梁。这种交流使读者能够更深入地了解其他社会中人们的生活方式、信仰和思维方式。此外，引入外国的文学作品可以为目标语言的文化带来新的元素和观点，进一步丰富目标文化的内涵。与此同时，文学翻译为读者提供了一种途径，使他们能够获得其他文化中的知识和智慧，加深对这个多元世界的理解。

（三）文学翻译的意义

文学翻译的意义更为深远。一个成功的文学翻译不仅仅是语言的转化，更是文化和情感的传递。它能够帮助人们跨越语言和文化的障碍，真正感受到原文作者的情感和思维。这种情感上的交流和连接增强了人们对自身文化的认同感，同时培养了人们对其他文化的尊重和理解。这种对外部文化的开放和接受态度有助于增进文化之间的和谐，在如今经济全球化发展的时代背景下，更是意义重大。对于文学创作者和读者来说，外国文学作品的翻译也为他们提供了新的视角和创作灵感，可以启示他们从不同的文化角度看待自己的社会和世界，从而推动文学创作的进步和发展。

二、文学翻译中的跨文化翻译

在广阔的世界文学舞台上，中国文学如绚烂夺目的瑰宝，从《诗经》《论语》到现代散文和小说，不论是中国古典文学还是中国现当代文学，都闪烁着难以忽视的光芒，是文学评论家和爱好者研究的焦点。中国古典文学是世界文学遗产的核心部分，中国的现当代文学也承载着深厚的时代特色，这些都使文学翻译成为一种迫切的需求。尽管文学翻译的可行性曾引发人们的争议，但使世界更加了解中国文学已成不可阻挡的趋势。

文学翻译常被形容为一个挑战重重的领域，尤其是诗歌这一部分。诗歌被普遍认为是文学翻译中最具挑战性的领域，但这并不妨碍历代翻译家对其进行深入研究和实践。中国古典诗词，如李白和王维的诗歌，因其丰富的内涵、独特的音韵和隽永的意象而备受赞誉。在古典诗词的翻译实践中，许渊冲教授提出的"三美论"很有代表性，还有其他翻译大家提出的标准，如严复的"信、达、雅"和钱钟书的"意美"，这些理论都为文学翻译提供了指导和启示。接下来，笔者将通过分析中国古典诗词译作，从不同译作的语言形式、音韵旋律、意境再现等方面讨论如何开展文学翻译工作，以将原作中的美再次体现出来。

静夜思
床前明月光，
疑是地上霜。
举头望明月，
低头思故乡。

《静夜思》这首诗简约而不简单，它的魅力并非源于豪华的辞藻或独特的意象，而是来自其中所蕴含的深深的情感。每当静谧的夜晚到来，明亮的月光撒下，读者就仿佛可以感受到诗人内心的波澜，其中情感虽不激烈，但却深沉而真挚。

诗中的月光是诗人与故乡之间的纽带，它不仅是自然界的一部分，还是诗人心灵的映射。在这静谧的夜晚，月光似乎拥有某种魔力，使离家的人沉浸于对家乡的思念之中。这种由月光引发的情感深入人心。这也是为什么这首诗能够历经数百年而依旧受到人们的喜爱。更值得注意的是，这首诗并没有用夸张的方式表达诗人的情感。没有过于强烈的情感表达，没有过于复杂的词句，而是用一种平实的方式，让诗歌更具亲和力。这种朴实无华、不加修饰的写法，更能打动读者的心。它展现了生活中寻常的一件小事，但又不失深度，如同人们每天所经历的情感起伏。因此读这首诗时，读者仿佛在回顾自己的生活，回味那些平淡中的美好。这正是《静夜思》所特有的魅力，它不依赖于华丽的辞藻，而是深深地扎根于人们的生活经验中，与读者产生深度的情感连接。几个不同版本的译文如下。

译文一：

Thoughts on a Silent Night

Before my bed a pool of light——

Is it hoarfrost upon the ground?

Eyes raised, I see the moon so bright;

Head bent, in homesickness I'm drowned.

译文二：

On a quiet night

I saw the moonlight before my couch,

and wondered if it were not the frost on the ground.

I raised my head and looked out on the mountain moon,

I bowed my head and thought of my far-off home.(S.Obata)

译文三：

Thoughts in a Tranquil Night

Athwart the bed I watch the moonbeams cast a trail,

So bright, so cold, so frail,

That for a space it gleams

Like hoarfrost on the margin of my dreams.

I raise my head,

The splendid moon I see,

Then droop my head,

and sink to dreams of thee,

My father land, of thee!（L. Cranmer-Byng）

译文四：

Night Thoughts

I wake, and moonbeams play around my bed,

glittering like hoarfrost to my wandering eyes.

Up towards the glorious moon I raise my head,

then lay me down and thoughts of home arise.（Giles）

（一）原文结构分析

从整体的结构来看，可以看出，每一种翻译都试图保持原文的简洁和节奏，但每个版本的长度和形式都有所不同。译文三和译文四更长一些，增加了更多的修饰性语言，并试图传达诗歌的情感和意境，而译文一和译文二则更加简洁，更接近原文的结构。

（二）语言选择分析

语言的选择也是一个值得注意的方面。例如，译文一中的"pool of light"和译文二的"moonlight"都试图描述床前的月光，但使用了不同的表达方式。同时，"hoarfrost"这一词在各版本中均有出现，展现了译者对原文"霜"的忠实翻译。而在描述月亮时，译文三采用了"splendid moon"这样的修饰，增加了一种崇敬和赞美明月的情感。

（三）情感表达分析

原诗中所描述的那种深深的思乡情怀，在各版本中都有所体现，但表达方式不同。例如，译文四的"thoughts of home arise"与译文一的"in homesickness I'm drowned"都试图描述这种情感，但前者更加内敛，后者则更加直接。

（四）节奏音韵分析

译文一的语言节奏非常出色。它不仅维持了节奏的规律性，还巧妙地应用了"abab"的押韵形式，让诗歌在英语中也有流畅美和音乐感。而"bright"和"light"，"ground"和"drowned"这样的双韵，都与原文的"aaba"形式相得益彰，给人一种既熟悉又新颖的感觉。与此相比，译文四在尝试保留音韵的时候，却在意境上出现了偏差。"moonbeams play around my bed"一句，确实给人带来了一种活泼，几乎是俏皮的感觉。这种动态的描述与原诗中"床前明月光"所描述的宁静的美感形成了鲜明对比。这种翻译虽然传递出了音韵美，但牺牲了原诗的某种深度和情感。

另外，译文二和译文三在节奏和音韵上都有各自的表现方式。例如，译文二的"moonlight"和"mountain moon"、译文三的"frail"和"trail"都在尝试为读者带来某种音韵的和谐美。但相对于译文一，它们在节奏的流畅性和整体的音乐感上显得稍有欠缺。

第二节　汉英电影翻译实例分析

一、电影翻译基本认知

（一）电影翻译的兴起和概念

电影，作为 20 世纪初兴起的一种全新的艺术和媒体形式，在诞生之后便很快风靡全球。随着电影的跨国流通，为了让不同国家、不同文化背景的观众理解和欣赏这些影片，电影翻译应运而生。

电影最初是无声的，但随着"有声电影"的问世，对白和音效变得十分重要。这为电影带来了更丰富的情感和情境表达方式，但同时带来了跨语言、跨文化传播的挑战。因此，电影翻译成了一个迅速发展的领域，它专注于将电影中的对白、旁白、文字提示等元素从一种语言转化为另一种语言，使不同语言背景的观众都能理解并沉浸于电影所创造的情境之中。

电影翻译主要分为两种形式：字幕翻译和配音。字幕是电影播放过程中在屏幕底部显示的文字，可以简明扼要地呈现出角色的对话和其他重要音效信息。配音则是替换原有的对白，直接用目标语言为观众呈现相关信息。不同的国家和地区，由于观众的接受习惯和产业发展情况不同，对这两种形式有不同的偏好。很多欧洲国家，如法国、德国和意大利，其观众更习惯于配音版本的电影，而亚洲国家，如中国、韩国和日本，则更偏爱字幕版。电影翻译并不简单，因为它不仅仅是语言层面的转换。电影是一种广泛而深入的文化和情感交流，翻译者必须深入理解源语言和文化，同时熟悉目标语言和文化的特点。只有这样，才能确保电影的内容、情境和情感得到准确和恰当的传达，并不失原电影的魅力和深度。

（二）电影翻译的特征与原则

1. 电影翻译的特征

电影翻译是一种高度专业化和综合性很强的工作，它融合了语言、文化、艺术和技术等多个维度的元素，为观众提供了一个跨文化的视窗，使其能够欣赏到不同文化和语言背景下的优秀影片。因此，电影翻译是一种特殊的翻译形式，其特征不同于传统文本翻译。

（1）多模态性。电影翻译不仅仅涉及文字，它是多模态的。这意味着，除了对话，还有音乐、背景声、肢体语言、表情以及画面元素等需要考虑。翻译者需要确保所有这些元素在文化和语境上都能为目标观众所理解。例如，某些文化背景的视觉元素或肢体语言可能在另一文化中并无特定含义，翻译者需要找到合适的方法来传达这种信息，或者考虑用其他手段弥补可能被丢失的信息。

（2）时间和空间限制。与书面文本不同，电影翻译有严格的时间和空间限制。尤其是在字幕翻译中，译者需要确保观众有足够的时间阅读并理解信息。此外，字幕的长度也有限制，译者需要在有限的空间内提供尽可能清晰、简洁的翻译。这要求译者在保持内容准确的同时，进行适当的删减或调整，确保信息流畅而不失原意。

（3）文化适应性。电影通常深深植根于其源文化，因此电影翻译需要做大量的文化适应工作。这意味着，译者不仅要确保语言的准确性，还要确保文化元素、幽默之外、双关语等在目标文化中得到恰当的传达。在某些情况下，译者可能需要对某些对白或场景进行适当的调整，以使其更符合目标文化的习惯和期待视野。

（4）合作性。电影翻译往往是一个团队工作。除了译者，还涉及编辑、导演、声音工程师和其他专家。他们共同合作，确保翻译版本既忠实于原作，又能为目标观众带来流畅的观影体验。译者需要具备良好的团队合作能力，以确保整个翻译过程的顺利进行。

2. 电影翻译的原则

（1）信息价值原则。电影翻译的首要任务是传递信息，确保目标观众能够理解电影的主题、情节和角色关系。这要求翻译保持内容的准确性和完整性。信息价值原则强调对原始信息的忠实性和完整性。电影作为一种叙事艺术形式，其情节、对话、背景和文化元素等都承载了丰富的信息。翻译过程中，任何信息的遗漏或错误传达都可能导致观众产生对电影内容的误解或困惑。然而，与传统文本翻译相比，电影翻译需要在忠实与流畅之间找到平衡。这意味着，译者不仅要确保信息的准确传递，还要确保这些信息在目标文化中是可接受和易于理解的。因此，有时译者可能需要进行某种程度上的改编或调整，以适应目标文化的语境和习惯。

（2）文化价值原则。电影往往深植于特定的文化背景中，充满了习俗和传统等方面的信息。文化价值原则强调在翻译过程中对这些文化元素的恰当处理。简单的直译可能会导致文化误读或信息丢失。因此，电影翻译应采用文化适应策略，以确保文化引用在目标文化中得到恰当的传达。这可能涉及对某些对话、幽默或情节进行调整或替换，使其更符合目标文化的预期。译者需要深入了解两种文化的差异和共同点，以便找到最佳的翻译策略。

（3）审美价值原则。电影是一种视听艺术形式，它不仅传递信息和文化，还为人们提供审美体验。审美价值原则强调在翻译过程中保持电影的艺术性和审美魅力，这包括对电影的节奏、音乐、音效和视觉元素的考虑。例如，字幕的长度和速度应与电影的节奏和情感相匹配，以免干扰观众的视听体验。同样，音乐和声效的选择应与电影的情感和主题相协调。译者需要具备一定的艺术审美能力，确保翻译版本能够为目标观众提供与原版相似的审美体验。

（4）商业价值原则。电影是一种商业产品，其翻译不仅要满足艺术和文化要求，还要考虑市场和商业因素。商业价值原则强调翻译应满足目标市场的需求和预期，以确保电影在商业上的成功。这可能涉及对电影的内容、风格或市场策略对调整，以吸引目标市场的观众。例如，某些情节或角色可能需要进行改编，以使其更符合目标市场的文化和审美习惯。此外，译者也需要考虑电影的定位、受众和竞争策略，确保翻译版本能够在目标市场中取得成功。

二、电影翻译中的跨文化翻译

（一）电影片名的翻译

中文电影片名的翻译在当下越来越重要。电影作为文化的重要载体，它的片名不仅仅是一个称呼，还承载了影片的文化内涵、故事背景及其艺术追求等方面的信息。因此，电影片名翻译方法的选择就显得十分重要。

1. 音译法

音译是电影片名翻译中一类主要的翻译方法。所谓音译，就是尽可能保留原片名的发音，用目标语言的词语或字母进行读音相似的表达。这种方式通常适用于那些在源文本中具有特殊意义的名称，如地名、人名或某些具有特定文化背景的词语。例如，一部以中国历史人物为主题的电影《岳飞》可以音译为"Yue Fei"，因为岳飞是中国历史上的著名将领，他的名字在片中具有不可替代的特殊意义。同样地，《西游记》这样具有深厚文化背景和较高知名度的作品，其英文片名"Journey to the West"即使不是完全的音译，也保留了原名的音节和节奏信息。

2. 直译法

在电影片名翻译中，译者采用直译法是为了尽可能地保留原始片名的内容与形态特征。这种方法可以确保电影片名在翻译过程中不失其原始的特色和精髓，使目标语言的观众在看到译文片名时能够直观地理解其含义，并产生相应的联想。例如，电影《红楼梦》可以直译为"Red Mansion Dream"，这样的译名既简单又明确，使英语观众即使没有深入了解该作品的文化背景，也能够通过片名感受到其内含的悲剧色彩和梦幻般的氛围。再如，拍摄于1988年的《敦煌》是中日两国为纪念邦交正常化十周年而联合摄制的史诗式战争片，场面宏伟，气势磅礴。敦煌是中国著名的历史文化古城，在国际上有较高的知名度，也是影片故事的发生地，因此片名可音译为"Dun-Huang"。

3. 意译法

意译在片名翻译中，可以传达源语片名的深层次含义，弥补因文化、历史或其他背景差异而导致的直译无法准确传递信息的问题。与直译不同，意译更注重对电影内容、情境和背景信息的全面传达，并能结合目标文化的特点，翻译后的片名更能吸引目标观众。中国的电影片名往往带有文化、历史或文学上的深层含义，而这些含义在其他语言和文化中可能并不存在或难以直接传达。因此，纯粹的直译可能会丢失源语片名的原始意义，甚至造成误导。而意译恰恰可以弥补这一缺陷，确保片名在翻译后仍能够触动目标观众的心灵。

电影《大闹天宫》描述了孙悟空的传奇故事。如果直接翻译为"Big Disturbance in the Heavenly Palace"，可能听起来有些生硬。实际上，该片名在国外多被翻译为"The Monkey King: Havoc in Heaven's Palace"，这种意译不仅凸显了孙悟空这个核心人物，还让"Monkey King"这个名字在西方有了一定的知名度，这样的翻译也更容易引起观众的共鸣。

4. 编译法

电影片名的翻译是一个跨文化的交流活动，其目的是让不同文化背景的观众能够准确、迅速地理解电影的主题和内容。在众多翻译方法中，"编译"方法脱颖而出，它不受原片名的文字限制，而更注重在目的语中传达电影的核心思想和情感。这种翻译方法的理论支撑是尤金·奈达的"功能等值"理论，该理论强调，源语和目的语读者在接受信息时应产生相似的感受。基于这一理念，片名翻译时，译者不仅要对原文进行忠实的转译，还要确保目的语读者能够获得与源语读者相似的感知体验。这样，对片名的翻译才能真正达到"等值"效果。

"编译"与传统意义上的"意译"和"直译"有所不同。虽然意译也注重传达原文的内在意义，但它仍然与原片名有一定的联系。而"编译"更为激进，它可能完全与原片名无关，而基于电影的内容、情感和目的语文化背景来创造一个新的、更为合适的片名。例如，电影《无极》讲述了一个古代的爱情故事，涉及权力、复仇和命运的转折。其英文片名为"The Promise"，与原片名《无极》在文字上看似没有直接关联，但很好地传达了影片中关于承诺、爱情和命运等核心主题的信息。再如，电影《芳华》，描述了一群年轻人在军队文工团的青春岁月，他们的爱恨情仇和人生抉择。其英文片名为"Youth"，虽然没有直接采用原名，但"青春"这一词语与原片的主题相呼应，简洁明了地传达了影片的核心内容。

（二）电影字幕的翻译

1. 减译法

电影字幕翻译是一门特殊的艺术。由于时间和空间的限制，译者往往要在保留原文主要信息的同时，对其进行适当的裁剪。这种方法被称为"减译法"。这不仅是为了适应电影的放映节奏，还是为了让外国观众能够更轻松地理解和接受电影的信息。例如，一段对话可能包含了大量的修饰语、描述或特定的文化背景信息。在英文到中文的翻译中，一个很长的句子可能会被简化为一个或几个核心的信息点，以确保观众在短时间内快速获取关键信息。例如，中国经典电影《大红灯笼高高挂》中的一段字幕翻译。

原文："你明明知道他喜欢我，为什么还要抢他的心？为了这些红灯笼、珍珠鞋和金子吗？你们都是一样，为了权力和财富，可以出卖自己的灵魂。"如果直接翻译这句话，译文是"You clearly know he loves me. Why do you still try to steal his heart? For these red lanterns, pearl shoes, and gold? You're all the same, selling your souls for power and wealth."，但如果使用减译法，为了使表达更为简洁和直接，可以译为"You knew he loved me. Why chase his heart? For lanterns, pearls, and gold? Everyone here trades their soul for power."。在这个例子中，译者简化了句子的构造，使之更为紧凑，同时仍然传达了原句的核心意思。

2. 借译法

借译法，即采用目标语言中已有的短语或句式来表达源语言中某一特定的含义。这种方法的主要优势是能够使目标语言的观众快速地理解或感知源语言的文化和情境，而无须花费太多时间解释复杂的背景信息。当然，它也存在局限性，如不能完全再现原文的文化内涵，或在某些情境下可能显得不太自然。

原文 1：一觉回到解放前。

译文 1：Back to square one.

这句话出自电影《横平竖直》。如果直接翻译，译文可能无法让目标语言观众产生与源语言观众相同的感受。而"Back to square one"这一英语短语，尽管起源于西方棋盘游戏，但能传达一种与原句相似的概念：从头开始或返回到起点。使用借译法，译者不仅为目标语言观众提供了一个他们熟悉的表达方式，还忠实地保留了原句的核心情境和意境。

原文 2：人不为己，天诛地灭。

译文 2：God help those who help themselves.

这句话出自电影《天下无贼》。如果采用直译法，那么译文将是"If one doesn't act for oneself, the heavens will punish him, and the earth will annihilate him."（如果人不为自己，天将惩罚他，地将消灭他）。可见直接翻译的表达十分冗长，不利于观众迅速获取原意。而"God help those who help themselves"这一英语短语，虽然表面上与原句有所不同，但它确实捕捉到了原句的核心精神——自助者天助。这样的翻译既体现了中文成语的原意，又易于英语观众理解和接受。

3. 转译

转译法是一种字幕翻译策略，它超越了原文的字面含义，重点在于捕捉并传达源语中的潜在的文化意义。这种方法常被用来处理那些直接翻译可能会失去原有意味或者在目标文化中没有对应意义的表达。通过转译，译者可以确保观众获得与源文化观众相似的理解和感受。

原文 1：黎叔对你没有偏见，顶多也就是恨铁不成钢。

译文1：I have nothing against you, just very high expectations.

在这个例子中，"恨铁不成钢"是一个中文成语，描述某人对另一个人寄予厚望，但后者尚未达到期望，从而使某人产生失望感的现象。直接翻译的话可能无法完整表达其含义，通过转译，"恨铁不成钢"被译为"Just very high expectations"，虽然没有完全保留原文的修辞风格，但成功传达了原句的核心意义。

原文2：有钱能使鬼推磨。

译文2：Even ghosts will work for money.

这句古老的俗语意味着金钱的力量是巨大的，甚至到了可以让鬼魂为其工作的地步。在翻译中，转译法被用以更直接地传达这一意义。虽然英文中并没有与"鬼推磨"完全相符的说法，但"Even ghosts will work for money"成功地突显出金钱的强大影响力，同时为外国观众提供了容易理解的译文。

4. 直译法

在中国电影字幕的翻译中，直译法通常被用于处理那些通用的、不带有特定文化背景信息的语言元素。这是因为，从字面上翻译这类元素，很可能就是最佳的翻译选择，能够确保目标语言观众有准确理解。电影《卧虎藏龙》中，有这样一句台词："我要去无边际的沙漠，寻找我的心。"在英文版本的字幕中，这句话被直接翻译为"I want to go to the endless desert and find my heart."。这种直译是非常恰当的。因为这句话不包含成语或者难以翻译的句型，它的意思在中文和英文中都是非常清晰的。因此，这里选择直译法是最合适的。但是，直译并不总是这样简单的。有时，即使是直译，也需要译者对文化背景、语境等因素有足够的了解，才能做出准确的翻译决策。

第三节　汉英广告翻译实例分析

一、广告翻译基本认知

(一) 广告翻译的概念与内涵

1. 语言转换

广告翻译也是一个语言的转换过程，但它远远超过了单纯的文字替换。译者需要对源语言广告的核心信息和基调进行深入的把握，确保这些信息在目标语言中得到准确和生动的呈现。每一个词、句型和语法结构的选择都需精心考虑，以便既精确传达原广告的意图，又符合目标语言的习惯和表达方式。

2. 文化转换

广告是文化的一种体现，译者在翻译时必须重视两种文化的交融。这意味着译者不仅需要理解源文化的深层次意义，还要熟悉目标文化的特征和期望。译者需要探索广告在价值观、信仰和生活方式等方面唤起目标观众共鸣的方式。对于可能存在的文化障碍和敏感点，译者需要妥善处理，确保广告在新的文化环境中仍然具有吸引力和有效性。这既是一个文化适应的过程，也是一个文化创新的过程。

3. 营销策略

广告的核心是营销策略，而广告翻译在实现语言和文化转换的同时，还要确保营销策略得到恰当的落实。译者需要对广告背后的市场策略进行深入的分析，包括品牌定位、目标受众特征和竞争环境等方面，然后根据目标市场的特点进行相应的调整。这要求译者不仅应具备语言和文化方面的知识，还需要具备市场营销的视角和思维，确保翻译后的广告能够在新的市场环境中实现预期的效果。

4. 创意和风格

广告的生命力在于创意和风格。广告翻译要求译者在保留原始广告创意核心的基础上，运用独特的艺术创造力在目标语言中再现其风格。这意味着译者需要具备强大的创造能力，能够在不同的语言和文化背景下，重新创造出同样具有感染力和吸引力的广告文本。这是一个高度艺术化的过程，需要译者具备敏锐的审美意识和丰富的文化底蕴。

（二）广告翻译的核心准则

广告翻译是一项充满挑战且十分重要的工作，它必须按照某些准则来进行，以确保广告在不同文化之间进行传播时能够精准地传达信息并达到预期效果。广告翻译的三大核心准则如下。

1. 确保广告目的不变

广告的核心在于其意图和目的。不论广告旨在推销产品、宣传理念还是塑造品牌形象，其在源语言中的目标必须在目标语言中得到准确的体现。译者首先应深入地解析原广告的深层含义，捕捉其隐藏的策略和品牌信息。明确这些后，译者才能选择目标语言中最贴切、最有力的词句来传达这些核心信息。这不仅要求译者对源文本有深刻的理解，还要求他们对目标市场具有敏锐的洞察力，以确保广告在新的文化和语境中仍能激起观众的兴趣并引导其做出期望的行动。

2. 强调有效沟通

广告的价值在于与受众之间的沟通。广告不仅仅是向受众展示一个产品或服务，更是与受众进行的一场对话，目的是激发受众的情感反应，引导其采取某种行动。因此，广告翻译不应只停留在表面的文字转换上，而应深入其背后的沟通机制，确保广告的交际功能在新的文化和语境中得到最大化的实现。这就要求译者熟悉目标受众的文化特质、消费心理和沟通习惯，并以此为基础，选择最合适的语言表达和修辞策略，使广告能够准确、高效地与目标受众进行交流。

第六章 跨文化视角下汉英翻译实例分析

3. 注重文化差异

每一种文化都有其独特的价值体系、信仰和习俗，这些深层次的文化元素往往直接影响人们的思维方式和行为模式。在广告翻译中，译者应具有对这些文化差异的敏感性。译者不仅需要避免可能引起误解或冲突的内容，还要积极寻找那些能够在目标文化中引起共鸣的元素，并将其融入广告之中。这意味着，译者不仅要进行语言上的转换，还要进行文化上的转译，确保广告在不同的文化背景下都能够实现其预期的效果。

二、广告翻译中的跨文化翻译

（一）直译法

直译法是广告翻译的核心方法，它强调在遵循目标语言规范的基础上，尽可能地保留原文的内容和形式。这种翻译方法尤其适用于那些在源语言和目标语言之间有文化共性，且能够引起相似联想的表达。直译的要点在于，不仅要传达原文的核心内容，还要保留其原始的比喻、形象描述和特定的文化或地方色彩。这种翻译方式在双方文化有共通之处时特别有效。例如以下商标的翻译：

皇冠（Crown）

自然美（Natural Beauty）

再如下面这些广告语：

原文 1：迈向第一（鸿星尔克）

译文 1：To be Number one.

原文 2：永不止步（安踏）

译文 2：Keep moving.

（二）意译法

广告翻译不仅仅是文字的转换，还是文化、情感和品牌信息的传达。在某些情况下，直译可能无法完整、准确地传达原文的深层含义和情感，这时意译法会更为有效。通过意译，译者能够捕捉原文的精髓，并用更符合目标受众习惯和文化的方式重新表达。

原文：中航为你竭诚服务。

译文：For you, we blossom every day——Air China.

"中航为你竭诚服务"这句话如果采用直译法可翻译为"serve you heart and soul"，虽然文字上忠实于原文，但可能无法充分传达"中航"的品牌使命和服务理念，而译文"For you, we blossom every day——Air China"巧妙地使用了"blossom"这一词语，不仅描述了中航会为旅客提供的优质服务，还塑造了中航持续努力、不断创新的品牌形象。这样的翻译更能触动目标受众的情感，让他们对中航有更深入的了解和认同。

（三）套译法

广告的目的是吸引受众并促进产品销售，因此广告翻译必须考虑目标语言受众的文化背景和接受程度。套译法是在广告翻译中常用的一种策略，它通过套用译语中的谚语、诗歌或其他流行的语言形式和表达方式，传神地再现原意，并赋予译文以深厚的民族文化特色。这种方法不仅弥补了翻译过程中可能出现的意义、结构、风格和形象的缺失，还能够引发译文读者的情感共鸣，从而有效地推动产品的销售。

原文：药补不如食补。

译文：A balanced diet a day keeps the doctor away.

上述广告词"药补不如食补"的英语译文"A balanced diet a day keeps the doctor away"巧妙地套用了西方流行的谚语"An apple a day keeps the doctor away"。虽然两者在具体内容上有所不同，但它们都强调了健康饮食对身体健康的积极影响。这种套译方式，不仅成功地传达了原广告的核心信息，还使西方受众能够快速理解并产生共鸣。

（四）修辞译法

广告语篇的修辞手法往往能起到强调、美化和增强语言表达力的作用，为品牌增添独特的吸引力。在翻译过程中，仅依赖文字的直译往往无法完全传达广告的美感和情感。因此，修辞译法成为广告翻译中的重要策略。

原文：优良的质量；优惠的价格；优质的服务。

译文：Unrivalled quality，Unbeatable prices，Unreserved service.

在上述例子中，原文广告采用了排比的修辞手法，给人留下深刻印象。译文则巧妙地利用了押头韵修辞，通过"Unrivalled，Unbeatable，Unreserved"三个以"un"开头的形容词，不仅再现了原广告的修辞美感，还营造了韵律上和谐统一的风格，增强了广告的感染力。

这种修辞译法不仅确保了原文修辞的美感得以传达，还在目标语言中创造了新的修辞效果，进一步强化了广告信息的传播力。因此，在广告翻译中，译者不仅需要对原文的修辞手法有深入的了解，还应具备在目标语言中创造相应修辞性效果的能力，确保广告在不同语境中都能有感染力和吸引力。

（五）转译法

广告翻译的目标是确保广告的核心信息能够跨文化进行传递，同时保留原始广告的吸引力和感染力。转译法正是为了实现这一目标而生的，它强调在翻译过程中进行文化转换，以确保译文在目标文化中具有相同的效果。例如，中国"杜康"酒的英文翻译。

对中国消费者而言，品牌名"杜康"具有深厚的文化背景和情感色彩，代表着高质量。但对非中国消费者来说，直译的"Du Kang"则没有这种文化感染力，可能失去其原有的吸引力。为了保持其文化意义的准确传达并塑造其品牌的高品质形象，译者在翻译中引入了希腊神话中的酒神Bacchus，使原来的品牌名变为"Du Kang-Chinese Bacchus"。这样，西方消费者可以通过与他们熟悉的酒神Bacchus建立联系，感受到"杜康"酒的高品质形象。

同样地，商标"玉兔"如果直译为"Jade Rabbit"，可能会被误解为由玉石制成的兔子。但实际上，它在中国文化中是月亮的象征。为了准确传递这种文化意象，它被转译为"Moon Rabbit"，这样可以更好地传达其在原文中的文化含义。

第四节 汉英旅游翻译实例分析

一、旅游翻译基本认知

（一）旅游翻译的概念与内涵

1. 文化传播与桥梁作用

旅游翻译是文化传播的一个重要渠道。每个国家、民族都有其独特的历史、文化和习俗，这些都在它们各自的语言中有充分的体现。当外国游客前来参观时，如何让他们真正理解和欣赏这些独特之处，与其产生情感共鸣，是旅游翻译需要解决的首要问题。因此，旅游翻译不仅仅是简单的语言转换，更是文化的传递和再现。它起到了一个文化桥梁的作用，让来自不同背景的游客都能够真正融入并体验当地的文化。同时，因为旅游翻译往往涉及各种历史、风俗和传统等方面的内容，译者需要具备深厚的文化背景知识和敏锐的文化洞察力，才能够真正做到文化的准确传递。

2. 实用性与操作性

与文学翻译、技术翻译等不同，旅游翻译具有很强的实用性和可操作性。游客在旅游时需要各种实用的信息，如交通指南、餐饮推荐、住宿建议等。这些信息都需要通过旅游翻译被准确、清晰地传达过去。此外，旅游宣传材料、旅游指南、导游解说词等也都需要精准、流畅的翻译，以确保游客能够获得愉快、无障碍的旅游体验。由于这种实用性要求，旅游翻译往往需要译者具备一定的旅游背景知识，了解旅游行业的特点和需求，还要具备良好的语言表达能力，确保译文既准确又有吸引力。

3. 情感交流与互动性

旅游翻译还涉及情感交流层面。游客在一个陌生的地方游览，不仅仅是为了看风景，更多的是希望与当地的人和文化进行深入的交流和互动。因此，旅游翻译需要做到的不仅仅是信息的传递，更重要的是情感的沟通。译者需要把握原文的情感基调，确保译文能够引起游客的情感共鸣。为此，旅游翻译在处理各种材料时，除了准确性和流畅性，还要注重文化的贴近性和情感的真实性。这既是对原文的尊重，也是为了给游客带来更为难忘的旅游体验。

（二）旅游翻译的分类与功能

1. 旅游翻译的分类

（1）基于翻译手段的分类。旅游翻译在实践中呈现出多种形式，涵盖了多种翻译手段。首先，导译和陪同口译是针对现场旅游活动的翻译方式，这种翻译方式要求译者能够随时为旅游者提供即时的语言支持，涉及对景点历史、文化等信息的解说。视译、交传、同传与耳语口译则面向大型旅游活动或旅游论坛，如旅游推介会或国际旅游展览活动，要求译者具备较强的即兴反应能力和专业知识。而笔译则多用于对旅游宣传资料、旅游攻略、导游手册等书面材料的翻译。机器翻译在现代旅游中也日益受到重视，随着数字化和智能化技术的发展，它也能为游客提供快速而准确的翻译解决方案。

（2）基于语言符号的分类。旅游翻译不仅仅是语言之间的转换。语内翻译关注的是同一种语言内不同方言或文化背景的转换，如普通话与某地方言之间的转换。语际翻译则是最常见的，涉及两种或多种不同语言的转换。而符际翻译更为深入，涉及语言与非语言符号之间的转换，如把一个文化的手势或习惯转化为另一种文化中的语言描述。

（3）基于译出语与译入语的分类。旅游翻译也可以按照译出语和译入语来分类。将外语译为本族语是面向本国游客的，目的是帮助他们更好地了解外国的文化和风景。而将本族语译为外语，如双语翻译，则是为了推广本国的旅游资源，吸引外国游客。这需要译者不仅对本国的文化和风景有深入了解，还要对目标国家的文化和习惯有所了解，确保译文的准确性和吸引力。

（4）基于翻译题材的分类。旅游翻译虽然属于专业性翻译，但其内部包含了多种题材和风格。一方面，它涵盖了日常生活、社交等一般性翻译，如旅游应用文、宾馆服务、餐饮指南等；另一方面，由于旅游与文化、历史紧密相连，旅游翻译也经常涉及文学翻译，如对山水诗歌、楹联、散文等的翻译，这要求译者既要有专业知识，也要有一定的文学修养和审美能力。

2. 旅游翻译的功能

（1）文化传播功能。旅游翻译首先是文化传播的桥梁。全球各地的旅游目的地都有各自的文化、历史和传统特点。游客选择走进一个新的地方，不仅仅是为了欣赏风景，更多的是为了体验和理解当地的文化和生活方式。旅游翻译不仅可以确保游客获取准确的信息，还能帮助他们跨越语言和文化的障碍，真正融入当地的文化。通过旅游翻译，不同的文化得以交流、互动，增进了各国人民之间的友好关系和相互理解。

（2）经济推动功能。旅游业是全球许多国家和地区的重要经济支柱。准确、生动的旅游翻译不仅能够吸引更多的游客，还有助于提高当地的旅游服务质量，进而推动旅游业的发展。游客在选择旅游目的地时，通常会参考各种旅游资料、攻略和评价。这些资料的翻译质量直接影响了游客的决策，进而影响到旅游目的地的经济效益。此外，随着全球旅游市场的日益开放和竞争强度的提高，进行高品质的旅游翻译已经成为旅游目的地提升自己市场竞争力的必要手段。

（3）教育启示功能。旅游翻译也有教育启示的功能。人们可以在旅行中得到启示和灵感，而这些启示和灵感很大程度上来自对当地文化、历史的深入了解。旅游翻译为游客提供了了解的途径，使他们在欣赏美景的同时，能够深入挖掘和理解其背后的文化和历史。这种深入的理解和体验往往能够启发游客的思考，对他们的人生观、价值观产生深远的影响。

（4）交际沟通功能。进入一个陌生的国度，语言往往是交流的最大障碍。而旅游翻译恰恰有打破这一障碍的作用。不论是旅游宣传资料的翻译，还是导游现场的口译，都能帮助游客和当地人进行顺畅沟通。这不仅仅是信息的交流，还是情感和文化的交流。当游客能够和当地人进行真正的交流，了解他们的生活方式、风俗习惯和思维方式时，他们的旅行体验会更加深刻和难忘。而这一切都离不开旅游翻译。

二、旅游翻译中的跨文化翻译

旅游翻译不仅要求译者具有丰富的语言知识和高超的翻译技巧，还要求译者对文化差异有深刻理解。译者需熟悉目的地的文化、历史、地理等方面的信息，并能将这些元素融入翻译，确保信息的准确传达。同时，旅游翻译要求语言生动、形象，具备多种修辞手法，以将枯燥的信息转化为更有吸引力的叙述。

（一）标识牌翻译

1. 标识牌翻译的类型

（1）服务导向标识牌。服务导向标识牌主要为游客提供关于旅游景点的基本服务信息。它们的目标是确保游客能够轻松找到所需的服务设施，如购票处、迎宾处等标识牌的翻译。对不懂当地语言的外国游客来说，标识牌翻译是极为重要的，因为它们会影响到游客的整体旅游体验。好的翻译可以使游客感到更加方便和舒适，而质量较低的翻译可能会导致信息混乱和误解，从而影响到景点的整体形象。

（2）风景识别标识牌。这类标识牌旨在为游客提供景点的特定名称或识别信息。例如，天坛、地坛等地的风景识别标识牌。这类标识牌的翻译要求译者不仅要准确译出景点的名称，还要能够传达背后的文化和历史寓意。这通常需要译者具备丰富的文化背景知识和创造力，以确保翻译既准确又有吸引力。

（3）规范与指引标识牌。这类标识牌主要为游客提供景区的基本规则信息和使用指南。例如，残疾人通道、排队等候等的标识牌。这些标识牌设置的目的是确保旅游景点的正常运营和游客的安全。翻译这类标识时，准确性和清晰性是最重要的。任何模糊或不准确的翻译都可能导致误解，甚至可能带来安全隐患。

（4）行为约束标识牌。设立行为约束标识牌的主要目的是约束游客的某些行为，确保景点的整洁。例如，"请勿抽烟"和"请勿喂食"。这些标识旨在提醒游客遵守景区的规定，尊重当地的环境和文化。翻译这类标识时，除了要确保信息的准确传达，还需要确保语言的礼貌和友好，避免冒犯游客。

2. 标识牌的翻译方法

（1）音译法。音译法是基于源语言单词的发音，而不是其含义来进行翻译的方法。这种方法通常被用于翻译专有名词或某些文化中特定的词语。对那些在目的语言中没有对应意义的词语，音译是一种非常有效的方法。但是，纯粹的音译对不熟悉源语言的人来说可能并没有明确的含义。例如，中国的许多城市和地名的翻译经常使用音译法。"北京"翻译为"Beijing"，"上海"翻译为"Shanghai"。尽管这些翻译为目标语言的读者提供了源语言名称的音效，但它们并没有为读者提供任何关于这些地方的具体信息。

（2）意译法。意译法是基于源语言单词或短语的含义而不是其直接的发音或形式进行翻译的方法。这种方法更注重传达原文的深层含义和情境信息，而不仅仅是文字的读音。意译在处理文化差异、俚语、习语或那些无法被直接翻译的词时特别有用。例如，在旅游景点中某标识牌上写的"千里之行，始于足下"可以被翻译为"A journey of a thousand miles begins with a single step"。直接的音译可能无法完全传达这一句子的深层含义，意译法则可以准确地传达其哲学意味和鼓励的意思。

（3）顺译法。顺译法是在保持源语言原句结构的基础上进行翻译的方法。这种方法能尽可能地保持原文的句子结构和语法特点，只进行必要的调整以适应目标语言的语法规则。顺译在翻译那些与目标语言结构和语法相近的文本时尤为有用。例如，"请勿触摸"可以直接被翻译为"Please do not touch"。在这种情况下，源语言和目标语言的句子结构相似，因此可以直接进行顺译，而不需要进行太多的调整或改动。

（二）导游词翻译

1. 导游词翻译的类型

（1）景观介绍型。景观介绍型导游词翻译是旅游指南中最为常见的一种。它的主要目标是为游客提供具体的景点信息，如历史背景、文化意义、建筑特点、自然景观的形成原因等。这种翻译需要确保信息的准确性和完整性，同时应有趣味，以确保对外国游客有吸引力。

在翻译景观介绍型的导游词时，译者需要具备丰富的文化和历史知识，以确保翻译内容的真实性和准确性。同时，为了使内容更具吸引力，译者还需要灵活运用语言，添加生动的描述和形容词，使游客在听到或读到介绍时，能够想象出生动的画面。例如，描述一个古老的寺庙时，除了提供建筑年代、用途和建筑风格等基本信息，还可以深入挖掘其背后的故事，如相关的历史事件、与某位历史人物的关联等，使这座寺庙在游客的眼中不仅是一座建筑，还是一个充满故事的历史遗迹。

（2）行为指导型。翻译行为指导型导游词的主要目标是为游客提供行为指南和建议，包括景点的开放时间、票价、注意事项、安全须知等信息。此外，导游词中还可以提供关于当地习俗和礼仪的信息，以帮助游客更好地融入当地文化并避免文化冲突的发生。

翻译行为指导型的导游词时，除了确保信息的准确性，还需要保持语言的简洁。很多游客第一次访问某个地方时需要的是简单、直接的指导，而不是冗长和复杂的描述。例如，提供关于某个景点的注意事项时，人们可以使用清晰的列表形式，列出所有的重要事项，并附加必要的解释。如果涉及某些特定的文化礼仪，如在某些宗教场所需要脱鞋，那么在翻译时应当说明，以确保游客得到恰当的引导。

（3）文化解读型。文化解读型导游词的翻译重点是深入挖掘目的地的文化、历史、习俗和信仰，为游客提供更深层次的理解。这种翻译往往要求译者不仅仅要传达表面的信息，还要对文化背景进行深入的解读。翻译文化解读型的导游词时，译者需要具备深厚的文化背景知识，并能够在翻译中嵌入这些知识，使游客不仅了解到事实信息，还能够理解其背后的意义和价值。例如，介绍中国的春节时，除了描述节日的起源、习俗和食物等基本信息，还可以深入解读春节背后的文化含义，如团圆的重要性、对新的一年的期望和祝愿等。这样，游客不仅能够了解到春节是如何庆祝的，还能够感受到这个节日对中国人的深层次意义。

2. 导游词翻译的方法

（1）增译法。当导游词涉及文化、历史或地方特色的深度解释时，某些信息在目标语中可能不太为人所知。为了使外国游客更好地理解和欣赏，译者可以应用增译法填补信息差距，即在翻译中增加一些原文中未明确提及但对理解有帮助的内容。例如，原文可能只是简短地提到"这是古代帝王的行宫"当翻译成英文时，为了帮助外国游客更好地理解这座行宫的重要性和背景，译者可以使用增译法，将其翻译为"This was a retreat palace for ancient emperors, symbolizing their power and prestige."。这样的译文不仅传达了原始信息，还为游客提供了更多的背景知识。

（2）删译法。在某些情况下，原文中可能包含了大量对目标读者来说过于冗余的信息。删译法允许译者在不影响主要信息传递效果的前提下，去除某些不必要的内容，使翻译更为简洁、直接。例如，描述某个景点时，原文可能是"这座塔建于明朝，历经了数百年的风雨，见证了城市的兴衰"，不熟悉中国历史的外国游客可能并不了解明朝的时间跨度。使用删译法，可以将其简化为"This tower, standing for centuries, has witnessed the rise and fall of the city."。这样的译文为游客提供了更清晰、简洁的信息。

（3）释译法。当原文中包含某些特定的文化、地域或历史术语时，单纯的直译可能不足以表达其深层含义。释译法允许译者对这些术语进行解释和扩展，使其在目标语中更具意义。例如，"这里每年都会举办盛大的端午节活动。"一句。端午节对中国人来说是一个熟悉的节日，但外国游客可能并不熟悉。使用释译法，可以将其翻译为"Every year, a grand celebration of the Dragon Boat Festival, a traditional Chinese holiday commemorating the ancient poet Qu Yuan, is held here."。这种翻译，不仅能让游客知晓节日的名称，还能让他们了解到它的文化和历史背景信息。

第五节　汉英商务翻译实例分析

一、商务翻译基本认知

（一）商务翻译的概念

商务翻译是翻译学的一个重要分支，它主要涉及商业、金融和经济领域的语言翻译。随着经济全球化的深入发展，跨国贸易、投资和合作变得日益频繁，这使商务翻译成为现代翻译领域中的热点。商务翻译不仅仅是语言层面的文字转换，还需要译者对商业、经济和文化背景有深入的理解。商务翻译的内容丰富多样，包括但不限于商业合同、财务报告、市场调查、企业宣传材料、商业计划书、投资指南、广告、公关材料等。这些文档通常包含专业术语、数据和复杂的句子结构，因此对译者的语言能力和专业知识有较高要求。此外，商务翻译也需要译者有一定的文化敏感性。商务活动深受文化背景、商业习惯和法律环境的影响，因此在翻译过程中，译者需要考虑这些因素，确保翻译内容得体并在目标文化中容易被受众接受。

（二）商务翻译的分类

商务翻译包括商业领域的多个方面，因此它可以根据其内容和用途进行分类。商务翻译的主要分类如下。

1. 财务翻译

财务翻译是商务翻译的核心组成部分，包括财务报告、年度报告、审计报告、投资分析和股东通信等内容。这些文件涉及大量专业的财务术语和精确的数字数据，因此译者不仅需要掌握语言技能，还必须具备一定的财务背景知识和专业知识。而且，财务文件中任何小错误都可能导致严重的商业和法律后果，因此高度的准确性和对细节的关注对财务翻译至关重要。

2. 合同翻译

合同是商业交易的基石，涉及商业合同、协议、招标文件和保险单证等文类。合同文档中的语言通常都是经过深思熟虑、精确且具有法律约束力的，因此翻译时必须非常小心，确保每一个条款和细节的准确性。任何误译都可能导致法律纠纷或重大损失。

3. 营销和广告翻译

在全球化的商业环境中，营销和广告文案的翻译至关重要。这类文本包括市场调查、广告文案、宣传册、产品目录和新闻稿等。不同于其他类型的商务翻译，营销翻译要求译者具有较强的文化敏感性和创造力，以确保品牌信息和营销策略在不同的文化和市场中都能引起共鸣。

4. 技术和产品翻译

从智能设备到工业机械，各类产品都需要编写详细的用户手册、产品说明和技术规范。翻译这些文件时，译者必须对相关技术有深入的了解，以确保技术细节和操作指南都能被准确地翻译出来。

5. 商业通信翻译

在商业运营中，电子邮件、内部报告和会议纪要都是重要的日常文件。这类翻译需要译者快速、准确地传达信息，确保商业决策和沟通能够顺利进行。在这个过程中，保护商业机密和维护公司形象都是必须遵循的原则。

（三）商务翻译的原则

1. 忠实原则

在商务翻译中，忠实原则是至关重要的。这并不仅仅意味着字面上要忠实反映原意，还要求译者确保原文的意图、语境和含义在目标语言中得到完整且未经扭曲的传达。在全球化的背景下，商务文件的往来往往涉及跨文化、跨法域的交流，因此保留原文的真实意图是至关重要的。忠实原则也强调对原始材料的尊重。不论是合同、技术说明书还是市场营销材料，原文中的每一个细节、每一个词语选择、每一种修辞手法都可能有特定的意义或商业考量。稍有不慎，就可能导致误解，进而引发法律纠纷或造成商业损失。因此，商务翻译应当做到既忠实于文字，也忠实于背后的文化和商业语境。

2. 准确原则

准确性在商务翻译中尤为重要。不同于文学或其他类型文本的翻译，商务翻译往往涉及法律条款、技术规格、财务数据等，这些内容对准确性的要求都极为严格。一个数字上的小小错误就可能导致巨大的经济损失，一个术语的误解可能导致产品故障。同时，商务翻译经常涉及专业术语和行业特定的语言。译者不仅需要精通源语言和目标语言，还需要对相关行业有深入的了解，确保专业术语被准确转译。此外，文化差异也是影响翻译准确性的一个重要因素。翻译者需要了解不同文化背景的商业习惯、法律体系和消费者心理，以确保翻译内容在目标市场中被正确理解和接受。

3. 统一原则

统一是商务翻译的另一个关键原则，特别是当涉及品牌形象、公司文化和产品标准时。统一性确保了一个公司或品牌在不同市场和文化背景下呈现出一致的形象。为了实现统一性，许多大型企业和跨国公司都会制定自己的翻译标准和术语库，确保商业翻译在不同语言中都能保持一致的风格和术语使用方式。此外，统一性还可以帮助公司节省时间和资源，避免重复劳动，并确保其在全球范围内都能提供一致的服务和信息。

二、商务翻译中的跨文化因素

（一）价值观的影响

商务交流中的价值观念实际上是文化中深层次信仰和认知的直接反映。当涉及商务翻译时，译者必须完全理解源语言和目标语言文化的价值观，以确保信息能够被正确、恰当地传递。价值观十分重要，在这方面，任何轻微的偏离都可能导致严重的误解。在商业广告中，这种误解可能导致品牌形象受损,甚至在新市场中遭遇失败。在经济全球化发展的背景下,商家不能只考虑源语言文化中的价值观,还需要深入了解并尊重目标市场的价值观。例如,一个强调个人主义和竞争的营销策略,在集体主义和和谐为重的文化中可能不会得到预期的效果。

(二)社交习俗与商业礼仪

商务交流不仅仅是信息的交换,还是人际关系的建立和维护。不同文化的社交习俗和商业礼仪无疑对这种关系构建有着深远的影响。翻译者需要确保他们的翻译不仅在文字上是准确的,还在文化上是恰当的。例如,一些文化可能强调商务礼仪中的严肃性和正式性,而其他文化则可能更加注重亲和力和人际关系的构建。因此,翻译者需要深入了解目标文化中的社交和商业礼仪,以确保翻译内容能够与之相适应。

(三)审美观念的冲突

审美在商务翻译中是一个经常被忽视但十分重要的因素。它直接影响了品牌和产品在新市场中的接受度。从颜色到设计,再到数字的选择,各种审美元素都可能受文化背景的深刻影响。译者需要具备这方面的知识,以确保商业信息在目标市场中得到恰当的表达。例如,颜色在不同文化中可能有着截然不同的象征意义。再如,数字"8"在中国文化中意味着"发财",而在西方文化中,它只是一个普通的数字。这种细微的差异可能看起来微不足道,但在商务领域,它们可能决定了一个品牌在新市场中的命运。因此,商务翻译需要超越简单的语言转换,深入文化的核心,确保信息能够得到恰当、有效的传达。

三、商务翻译中的跨文化翻译

1. 增译法

在商务翻译中,尤其是在把汉语转化为英语的过程中,增译法发挥着不可或缺的作用。这种翻译方法不仅有助于确保译文语法结构的完整性，还能使文本在目标语境中保持流畅和准确。增译并不仅仅是随意增加文字，还是为了更好地传达原文的意图，确保文本的准确性。

（1）适应语法结构。汉语和英语之间存在着明显的结构和语法上的差异。尤其是在商务文本中，英语往往更明确和具体，而汉语则可能更简洁。在这种情况下，译者可能需要在译文中增加某些语法成分，如主语、宾语或其他语法元素，以确保译文的完整性和准确性。例如，汉语中的"谢谢关注。"可以翻译为"Thank you for your attention."在这里，英语版本增加了"for your"来确保句子的完整性。

（2）补全和明确意义。除了语法的需要，增译法还常常用来补全或明确原文中可能被省略或隐含的信息。为了确保译文在目标文化中不会产生误解或歧义，译者可能需要根据上下文或背景知识增加一些信息。例如，"这款产品很畅销。"可以译为"This product is very popular in the market."。在这里，"in the market"被加入以明确产品的受欢迎程度是在市场中的。

（3）增强文本的连贯性。商务文档往往注重逻辑性和连贯性。在某些情况下，为了使译文更具连贯性，译者可能需要增加连词、关系代词或介词。这不仅有助于确保信息更为有序、逻辑清晰，还能使译文更加易读。例如，"产品质量好，销量也高。"可以翻译为"The product is of high quality, and as a result, its sales are also high."。在这里，"as a result"被引入，为读者明确因果关系。

2. 减译法

商务翻译注重效率与明确性。在汉语转化为英语时，简洁和精准性至关重要，而减译法恰好能满足这一要求。下面将对减译法在商务翻译中的应用进行深入探讨。

（1）削减冗余修辞，提升表达效果。汉语表达往往富有诗意，修辞手法众多，但在英语中，过多的修辞可能会降低句子的表达效果。对那些可能削弱表达效果的形容词、代词、名词、动词、副词和连词，译者应省略以更接近原文的真正意图。例如：

原文：这一创新的、前沿的技术为公司带来了巨大的、显著的益处。

译文：This innovative technology has brought significant benefits to the company.

在此例中，"前沿的"和"巨大的"被视为冗余并被省略，使译文更为简洁。

（2）避免不必要的重复与同义句式。汉语中经常采用重复的修辞手法增强表达效果，但在英语中，这可能导致文本显得啰唆。为了使译文更为流畅，应当避免使用重复的词语或同义句式。例如：

原文：我们需求稳定，稳定的需求能带来长久、长久的合作。

译文：We require a stable demand, which can lead to long-term cooperation.

这里，译者将重复的"稳定"和"长久"各翻译了一次，确保译文表达的连贯性。

（3）省略非核心的范畴标示词。汉语中存在许多范畴标示词，如"状态""情况"等。在翻译时，这些词可以省略，以确保译文的简洁和直接性。例如：

原文：目前的经济局面对我们的企业造成了挑战。

译文：The current economic situation poses challenges to our company.

在此，"局面"被简化为"situation"，使译文更为简明。

3. 词类转换法

汉英之间的翻译，特别是在商务领域，其复杂之处不仅仅在词汇级别的对应问题上，还在如何根据目标语言的特点将源语言的意思更精确地传递出来这一方面。其中，词类转换法的运用十分关键。

（1）动态与静态的对比。汉语常采用动态表达，即使用动词来描述一个情境或行动。而英语更偏好静态表达，名词和介词在句子中的作用更为突出。因此译者需要对原文中的动词进行适当转换。例如：

原文：公司持续发展，带动了经济的增长。

译文：The company's continuous development drives economic growth.

这里，"持续发展"被转换成了名词短语"continuous development"。

（2）动词到名词的转换。在汉译英的过程中，译者经常需要将原文中的动词转化为英文的名词结构，以适应英语句子的静态特点。例如：

原文：我们希望合作以增加销售。

译文：We seek collaboration for increased sales.

此处，动词"增加"被转换为形容词"increased"，并与名词"sales"结合。

（3）形容词、副词到名词的转化。汉语中的形容词和副词在翻译成英语时，有时也需要转化为名词，以便更符合英语的表达习惯。示例分析：

原文：产品的高效率获得了客户的好评。

译文：The product's high efficiency received positive feedback from customers.

在这个例子中，形容词"高效率"被翻译为名词"high efficiency"。

4. 正译法

正译法是一种常见的汉译英的翻译方法，尤其在商务领域，其适用性更为广泛。本质上，正译法体现了源语言和目标语言之间的自然对应和和谐关系，它可以尽可能地保留源文本的原始结构和修辞，同时确保译文在目标语言中的流畅性和正确性。

（1）基于相似性的翻译策略。正译法的核心思想是，当源文本与目标文本的结构和表达习惯存在相似性或一致性时，应直接按照源文本的结构进行翻译，从而确保原意的忠实传递。例如：

原文：我们提供优质的服务。

译文：We provide high-quality services.

此例采用的是正译法，英汉两种表达形式是一致的。

（2）表达明确。正译法的另一个优势是能够明确传达源文本的意图，避免因反译或其他转换方法而造成误解。例如：

原文：这个方案经过精心设计，能够满足客户的需求。

译文：The plan is carefully designed to meet the needs of customers.

此例中，汉英之间的句子结构是相对应的，清晰、准确地传达出了原文的意图。

（3）与文化差异的关系。正译法不仅仅是句子结构的一一对应，有时，特定的文化元素、惯用语或表达方式在源文本和目标文本中都有相似的表达方式，这时使用正译法也可以确保文化信息被正确传递。例如：

原文：合作共赢是我们的原则。

译文：Win-win cooperation is our principle.

"合作共赢"这一概念在中西文化中都是被普遍认可的，因此采用正译法进行翻译是最为合适的。

5. 反译法

反译法在汉译英的过程中扮演着重要的角色，特别是在商务文本的翻译中。与正译法尝试保持原文的结构和修辞相反，反译法可能会颠倒、调整或重塑句子的结构，以更符合目标语言的习惯和逻辑。

（1）逆向逻辑的展现。汉语和英语在逻辑结构和表达上有时会有所不同。反译法通过调整源文本的句子结构，可使译文更符合英语的表达习惯。例如：

原文：虽然今年的销售业绩没有达到预期，但我们的团队仍然决定进一步扩展市场。

译文：Our team has decided to expand into new markets, even though this year's sales did not meet expectations.

这个例子中，英语的表达将决策放在前面，强调公司的前瞻性和积极态度，而具体的业绩数据则放在后面作为背景信息。这种调整更符合商务英语直接和务实的特点。

（2）强调和修辞的变化。在某些情况下，为了强调某个部分或为遵循英语的修辞习惯，译者可能会选择使用反译法。示例分析：

原文：产品好不只是价格便宜。

译文：It's not just the low price that makes the product good.

这里，反译法用于重塑了原文的强调部分，突出了产品的优良质量。

（3）对否定表达的处理。英汉两种语言在处理否定表达的方式是有所不同的。有时，正面的说法在英语中可能会更自然或意思更清楚。例如：

原文：不是每个人都喜欢这款产品。

译文：Not everyone likes this product.

此处，虽然汉语原文使用了"每个人"这一表达，但反译法使英语表达更为简洁直接。

第六节　汉英科技翻译实例分析

一、科技翻译基本认知

（一）科技翻译的定义与分类

科技翻译是对专业性和实用性较强的文本进行转译的过程。这类文本主要来自科技领域，但与传统的认知不同，它并不局限于自然科学和工程技术领域。其实，科技翻译的范围更加广泛，包括社会科学、自然科学、工程技术，乃至外贸活动等多个领域，实际上是非文学性的实用领域的翻译。科技翻译可以被进一步细分为两大类别：专用科技文体和通俗科技文体。

1. 专用科技文体

这类文体的主要特点是有严密的逻辑性、客观的叙述风格和精确的用词。在其结构中，长句、名词性短语和被动语态较常见，译者往往会避免使用人称代词和描述性形容词。此外，为了确保信息的准确性，译者往往会避免带有情感色彩和华而不实的表述。这类文体的翻译要求是确保概念的精确性、内容条理清晰，并符合相关的技术规范或标准。

2. 通俗科技文体

这类文体旨在以简洁明了的语言和生动的形式向广大读者传达科技信息。它的特点是用词平易、句型简洁，并经常使用修辞手法。与专用科技文体不同，通俗科技文体往往避免使用名词化结构、长句和被动语态。

这两种主要的科技文体又可以根据其主题和使用范围进行进一步的细

分，如基础科学论著、技术著作、法律文件、应用科学论文、操作手册、产品说明书、促销材料、科普读物，以及中小学教材等。

（二）科技翻译的标准

1. 精确性与明确性

科技翻译的主要目标是确保信息的准确性。这要求译者对原文的内容有深入的理解，并能够正确、无误地传达其意义。考虑到科技领域中的文章主要是为专业人员而撰写的，其中涉及的细节、数据和概念都必须准确。译者不能频繁使用近似或模糊的表达，而应确保每一个专业术语、数字和公式都被精确地转译。此外，明确性是另一个重要要求，译者需要确保其翻译的文本为读者提供了清晰、明确的信息，避免造成歧义或误解。

2. 逻辑性与严密性

科技文章的结构通常较为复杂，涉及多层次的从句、并列成分和专业术语。在进行翻译时，除了单词和短语的精确性，译者还需要确保整体逻辑的连贯性和结构的完整性。这意味着译者需要对原文的结构和内容进行深入分析，确保翻译后的文本在逻辑和结构上都与原文一致，尽可能地保留原文的意图和信息。

3. 简洁性与流畅性

虽然科技文章通常具有复杂的结构和专业性较强的内容，但翻译后的文本应当在保持原文信息的基础上，追求语言的简洁和流畅。这不仅有助于读者理解文本，还反映了译者对语言的掌握能力。简洁的表达可以提高文本的可读性，使其更符合目标语言的习惯，而语言的流畅可以确保读者在阅读时不会因语言表达而感到困惑。

4. 规范性与得体性

科技翻译必须遵循语言和专业领域的规范。这意味着翻译的文本在语法、句式和用词上都应当严格遵循目标语言的标准。特别是在翻译专业术语时，译者需要确保其翻译是被广泛认可和接受的，避免使用不恰当或非标准的词汇。此外，得体性也是科技翻译的关键要求。译者需要确保文本在风格、语气和表达上都与原文保持一致，体现出其专业性和权威性。

二、科技翻译的重要意义

（一）经济全球化时代下科技翻译的普遍意义

在经济全球化的背景下，科技翻译已经超越了单纯的语言转换，成为文化传播、文化共享与渗透的关键工具。经济全球化意味着各国的界限被逐渐模糊，而科技翻译则为这种交融提供了必要的支撑。随着国际合作和交流的加深，人们对科技翻译的需求也日益增长。从医学研究到工程项目，从环境保护到航天探索，无论哪个领域，科技翻译都在其中发挥着重要作用。

科技翻译不仅仅是文字的转换，还是连接不同文化和语言的桥梁。每一种语言都承载着其背后的文化、历史和价值观。当译者试图把一个科技概念从一种语言翻译到另一种语言时，他实际上是在跨越文化的鸿沟。这需要译者不仅具备深厚的语言功底，还要对相关领域有深入的了解，才能确保翻译的准确性。因为在科技领域，准确性是至关重要的。一个小小的翻译错误可能会导致严重的后果。因此，只有准确、恰当的翻译，才能确保科技信息的准确传递。这对全球范围内的知识共享和技术交流尤为重要。如果各国的科学家、工程师能够准确地理解彼此的研究成果，他们就可以更加有效地合作，共同推进人类科学技术的发展。

（二）跨文化背景下科技翻译的重要意义

在跨文化时代背景下，将中国科学技术研究成果翻译成英文，无疑为中国文化的全球传播打开了一扇大门。中国，作为一个拥有数千年文明历史的国家，其科技研究成果往往融合了深厚的文化底蕴。通过英文翻译，这些研究不仅可以为全球的学者和公众所理解，还能让更多人了解到中国文化的魅力和深度。此外，高质量的科技翻译也有助于塑造一个积极、开放、创新的国家形象。在经济全球化的背景下，一个国家的形象不仅仅取决于其经济或政治地位，还取决于其在文化和科技方面的贡献。中国的科技研究成果被广泛认可和引用，将展现出中国在全球科技领域的领导地位，从而增强国家的软实力。

与此同时，科技翻译为中国科学家提供了与其他国家科学家交流的途径。语言不再是障碍，而是沟通的桥梁。这种交流不仅是在学术领域，还涉及技术合作、项目合作等多个层面。这种友好的学术交流有助于促进人类科学事业的发展与进步，因为科学的本质是跨文化、跨国界的。对世界的未来发展而言，科技研究的广泛传播和交流也为维护世界和平做出贡献。当各国科学家共同探索、合作解决全球性问题时，他们之间的友好关系将为国与国之间建立信任和理解提供坚实的基础。这种基于共同目标和利益的合作，无疑为维护世界和平提供了有力的支撑。

例如，在把中国的科技成果翻译成英文的过程中，可以看到，许多专业术语和概念在不同的文化背景下有着不同的表达方式。例如，"太阳能"在英语中被翻译为"solar energy"，"人工智能"被翻译为"artificial intelligence"。这些翻译不仅仅是语言上的转换，更是文化和技术背景的融合。错误的翻译可能会导致技术信息不够准确，从而影响到技术的应用和推广。因此，科技翻译的重要性不言而喻。在全球化的背景下，科技翻译不仅仅是语言的转换，更是文化、技术和知识的交流与共享，为全球的科技进步和文化交流提供了强大的支持。

三、跨文化因素对科技翻译的影响及其启示

要了解跨文化因素对科技翻译的影响及其启示，请先看如下案例。

在一篇汉译英科技文献的国际期刊投稿过程中，其中一位论文审稿人提出了这样的建议：

原文：etc. is being used frequently in the paper. I would suggest coming up with more or less an exhaustive list, and remove etc.

译文："等等"一词在文中使用过于频繁，为何不扩充列表，避免使用"等等"一词呢？

这则审稿意见看似是语言问题，但深入探究可以发现，它同样体现了以下几点文化差异。

（一）谦虚与严谨性的文化差异

如前文所述，中国作者在列举时加入"等等"这样的词汇，是出于一种谦虚谨慎的态度，希望给自己留有余地。然而，在国际学术领域，这种表达方式可能被认为不够严谨。这种文化差异可能导致论文的意图被误解，甚至影响到论文的接受度。因此在进行汉英科技翻译时，译者应该充分了解目标文化的表达习惯和期望，避免使用可能引起误解的表达方式。

（二）描述性词语与科技文风的差异

汉语的科技论文可能会使用一些描述性词语，如"大量实验、重要成果、效果显著"等，而英语科技论文则更加注重对事实和数据的精确描述，避免使用可能引起误解或被认为有夸张效果的词语。这说明在进行汉英科技翻译时，译者应该尽量避免使用描述性词语，并尽量使用精确、客观的语言来描述事实和数据。

（三）修辞与科技文风的差异

汉语的科技论文可能会使用一些修辞手法，如夸张、对比等，来增强语言的感染力和宣传效果。然而，在英语科技论文中，这种修辞手法可能会被认为不够严谨，甚至可能导致误解。因此译者在进行汉英科技翻译时，译者应该尽量避免使用修辞手法，而是尽量使用简洁、明确的语言来进行表达。

（四）文化敏感性与中立性考量

科技翻译不仅仅是文字的转换，更是文化、历史和政治背景的转译与交流。在进行翻译时，译者需要对这些背景有深入的了解，以避免可能引起误解或争议的表达。

原文：中国享有所有成员国和地区都享有的最惠国待遇。

译文：China is entitled to the Most Favored Nation treatment, which is granted to all the member countries.

WTO 的成员不仅仅包括国家，还包括一些存在领土争议的地区，在这种情况下，如果译者简单地将"成员国家"翻译为"member countries"可能会引起误解或争议。因此，在进行汉英科技翻译时，译者应该充分了解原文的背景和意图，确保翻译的中立性和客观性。

第七章　跨文化视角下对译者素质的要求

第一节　语言素质的要求

一、良好的语言基础

（一）丰富的词汇量

在汉英翻译中，丰富的词汇量是译者必备的基础。词汇是语言的基石，只有掌握了足够的词汇量，译者才能准确、生动地传达原文的意思。汉语和英语都有着丰富的词汇体系，每个词语都承载着特定的文化和历史背景。译者不仅需要知道每个词的基本意义，还需要了解其在不同语境中的意义和用法。此外，随着社会的发展和科技的进步，新的词语和概念不断涌现。译者需要不断地学习和更新知识，确保自己跟上时代的步伐。总之，丰富的词汇量不仅能够帮助译者更好地理解原文，还能够使译文更加精确、生动、有深度。

（二）准确的语法知识

语法是语言的骨架，它规定了词汇应如何组合成有意义的句子。在汉英翻译中，准确地运用语法知识是确保译文通顺、准确的关键。汉语和英语的语法结构有很大的差异，如语序、时态、语态等方面。译者需要对这些差异有深入的了解，才能够确保译文的语法结构既符合英语的习惯，又能够准确传达原文的意思。此外，语法错误可能会导致译文意思模糊或产生歧义，严重影响译文的质量。因此，译者需要不断地学习和实践，确保自己语法运用的准确。

（三）扎实的专业知识

在科技、医学、法律等专业领域的汉英翻译中，扎实的专业知识是确保翻译质量的关键。每个专业领域都有其特定的术语和概念，这些术语和概念往往承载着深厚的专业背景信息和知识。译者需要对这些背景信息和知识有深入的了解，才能够准确地翻译这些术语和概念。此外，专业知识还可以帮助译者更好地理解原文的意思，避免因为知识盲点而产生的误解。总之，扎实的专业知识不仅能够帮助译者更好地理解原文，还能够确保译文的准确性和专业性。

二、良好的语言能力

（一）出色的双语能力

在汉英翻译工作中，译者应具备五种出色的双语能力，如图7-1所示。

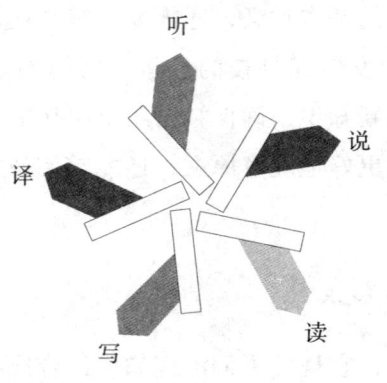

图7-1 汉英译者应具备的双语能力

1. 听

在汉英翻译的过程中，出色的听力是至关重要的。这不仅仅指能够听懂日常对话，更指准确捕捉到讲话者的语调、语速、停顿以及各种非语言信息的能力。这些信息往往承载着讲话者的情感、态度和意图。对译者来说，这意味着他们需要能够深入地理解原文的内容，而不仅仅是理解字面的意思。此外，随着技术的发展，人们对口译、同声传译等形式翻译的需求日益增加，这些都要求译者具备出色的听力能力，能够在短时间内准确捕捉和理解大量的信息。

2. 说

说，或者口头表达能力，对译者来说同样重要。这不仅仅是口译和同声传译的要求，在翻译中译者本就需要具备用清晰、流畅的语言来表达复杂的思想和信息的能力。这要求译者不仅要掌握丰富的词汇量和语法知识，还要能够根据语境和听众的特点调整自己的语言风格和表达方式。此外，良好的口头表达能力还可以帮助译者更好地与客户、同事和其他专家进行沟通，确保翻译的质量并满足客户的需求。

3. 读

阅读能力是翻译的基石。它不仅仅指快速、准确地阅读大量的文本的能力，更指深入地理解文本内容、结构和风格的能力。对译者来说，这意味着他们需要能够从文本中捕捉到各种细微的信息，如作者的态度、意图和情感。此外，随着社会的发展和科技的进步，新的词汇、概念和知识不断涌现，这都要求译者具备出色的阅读能力，以便快速地学习和更新知识。

4. 写

写，或者书面表达能力，对译者来说是至关重要的。大部分翻译工作都是书面的，因此译者应当具备较强的书面表达能力。此外，良好的书面表达能力还可以帮助译者更好地组织和结构文本，确保翻译的连贯性和逻辑性。

5. 译

翻译能力是译者的核心能力。它不仅仅指准确、流畅地将一种语言转换为另一种语言的能力，还指深入地理解原文的内容、结构和风格，并在译文中恰当地体现这些内容的能力。这要求译者不仅要具备出色的语言能力，还要具备丰富的文化、历史和专业知识。此外，翻译还是一种有创造性的工作，译者需要能够根据不同的语境和读者创造性地选择和组合词汇、句式和修辞手法，确保译文的生动性和深度。

（二）优秀的语言对比分析能力

1. 词汇对比能力

汉语和英语的词汇体系存在显著差异，这种差异不仅仅体现在单词的表面意义上，更深层次地体现在文化、历史和社会背景中。例如，汉语中的"友情"和英语中的"friendship"在大多数情境下都可以互相对应，但在某些文化和语境中，它们的内涵可能有所不同。在汉语文化中，"友情"可能更强调情感的深度和长久性，而在英语文化中，"friendship"可能更强调有共同的兴趣和活动。

2. 语法和句式对比能力

汉语和英语的语法结构有很大的差异，这种差异体现在各个方面，如语序、时态、语态、虚词的使用等。例如，汉语中的"我吃过饭了"可以翻译为"I have eaten"或"I ate"，取决于具体的语境和时态。但这种选择并不是简单一一对应的，而是需要译者根据上下文和目标语言的习惯进行判断的。此外，汉语和英语在句式结构上也存在差异，如汉语中的"被动句"和英语中的"被动语态"在使用方式和形式上都有所不同。因此，译者不仅要掌握两种语言的语法规则，还需要能够灵活地运用这些规则，确保译文的通顺性和准确性。

3. 语言表达对比能力

汉语和英语在表达方式上存在差异。某些在汉语中常见的表达方式，在英语中可能并不常见，反之亦然。例如，汉语中经常使用的"很"字，在英语中可能不需要用特定的词语来表达，而可以通过其他方式来强调，如使用副词或形容词的比较级。此外，两种语言在修辞手法、语气和风格上也存在差异。译者需要能够识别这些差异，并选择最恰当的表达方式进行翻译，确保译文的生动性和深度。

4. 语言文化对比能力

语言是文化的载体，而文化是语言的背景。汉语和英语背后的文化差异会深刻影响到语言的使用和理解方式。例如，汉语中的"中秋节"在英语中可能需要被译为"Mid-Autumn Festival"，并附带简短的文化背景说明，如"它是一个庆祝月亮和团圆的节日"。此外，某些汉语中的习惯用语和成语可能在英语中没有对应的表达，需要译者进行创造性翻译。因此，译者不仅需要掌握两种语言，还需要对两种文化有深入的了解，确保翻译的准确性和文化适应性。

5. 修辞和风格对比能力

汉语和英语在修辞和风格上也存在差异。例如，汉语中的对仗和排比修辞在英语中可能需要用其他的表达方式达到相似的效果，如使用并列或转折句式。此外，两种语言在文体和风格上也有所不同，如汉语的散文可能更强调情感和意境，而英语的散文可能更强调逻辑和结构。译者需要能够识别原文的修辞手法和风格，并在译文中恰当地体现之，以确保译文的美感和有深度。

（三）出色的文体意识

文体意识指对不同文本类型和风格的认知和理解能力，它涉及文本的结构、修辞、风格和功能等方面。在汉英翻译的过程中，具备出色的文体意识是十分重要的，因为不同的文体有其特定的语言特点和表达习惯，只有深入理解这些特点和习惯，才能确保翻译的准确性和生动性。

1. 了解不同文体的结构和组织方式

不同的文体有其特定的结构和组织方式。例如,新闻报道通常是"倒金字塔"结构,即先报道最重要的信息,然后逐渐提供细节和背景信息,而学术论文则通常遵循"引言—方法—结果—讨论"结构。译者需要能够识别原文的结构和组织方式,并在译文中将之恰当地体现出来,确保译文的连贯性和逻辑性。

2. 了解不同文体的文化和社会背景

不同的文体有其特定的修辞和风格。例如,广告语通常使用夸张、比喻和排比等修辞手法,以增强语言的感染力和说服力;法律文本则通常使用严谨、客观和中立的语言,以确保其权威性和准确性。译者需要能够识别原文的修辞和风格,并在译文中将之恰当地体现出来,确保译文的准确性和深度。

3. 了解不同文体的文化和社会背景

不同的文体有其特定的功能和目的。例如,说明文的主要功能是传递信息和知识,因此它通常使用清晰、简洁和客观的语言;而议论文的主要功能是说服和影响读者,因此它通常使用有力、有深度和有逻辑的语言。译者需要能够识别原文的功能和目的,并在译文中将之恰当地体现出来,使译文也具备相应的功能性和目的性。

4. 了解不同文体的文化和社会背景

不同的文体有其特定的文化和社会背景。例如,汉语中的成语和俗语往往承载着丰富的文化和历史信息,而英语中的习语和俚语则往往反映了西方的文化和价值观。译者需要能够识别这些文化和社会背景信息,并进行恰当的调适,使其更符合目标文化的习惯和期望。

第二节 文化素质的要求

一、对本国文化的掌握与了解

（一）中国文化的定义

目前学术研究领域中与"中国文化"含义相近的概念或术语有"中华文化""华夏文化""中华文明"等。

学者李建中在其所著的《中国文化概论》一书中将"中国文化"定义为中华民族在古老华夏大地上所创造出来的具有恒久生命力的文化[①]。

李新会、周建等人认为，华夏文化是华夏诸族在夏、商、周时期的历史演进中形成的中国传统文化的主体文化，对后世文化的发展产生了广泛而深远的决定性历史影响。[②]

学者张岱年指出，中国文化即中华民族的文化。中华民族是由许多的民族（或称为种族）共同构成的一个整体。在长期的发展过程中，中国各族文化相互交融，共同构成了丰富灿烂的中华民族文化。从世界范围来看，中国文化是一个独立发展的体系，有一个连续不断的发展过程。在这发展过程中，虽经常吸收外来文化的长处，但始终保持着自己的独立性，因而成为世界上一个独特的文化类型，中国文化影响及于国外，中国文化对世界文化做出过巨大的贡献。[③]

分析以上学者的观点，中国文化可以发现，"中国文化"是中华民族在漫长的历史进程中所孕育的独特文化体系，它既反映了中华民族的思维习惯和价值观，也展现了人们面对各种生活挑战时的应对策略。这一文化体系涉

---

① 李建中. 中国文化概论 [M]. 武汉：武汉大学出版社，2005：4-7.
② 李新会，周建，宫红梅. 灿烂的文化 [M]. 北京：经济日报出版社，1997：97.
③ 张岱年. 论中国文化的基本精神，中国文化研究集刊 [J] 上海：复旦大学出版社，1984：51-52.

及领域的广泛,从物质层面的建筑、饮食和服饰,到非物质层面的信仰、道德和礼仪,每一部分都是中华民族智慧和创造力的体现。而这些文化元素不仅仅是历史的产物,还对当代社会的发展有着深远的影响,并指导着人们的日常生活和社会行为。这种文化遗产是连续的、多元的,它既有古老的传统,也有现代的创新,为中华民族提供了一个坚实的文化基石和发展方向。

除此之外,中国文化还深度融合了中华民族历史上的思想、宗教、哲学和价值观。儒家的五常、道家的自然之道、佛教的宿命观念,以及法家的观点,共同塑造了中华民族独特的思维模式和行为准则。这些哲学思想不仅为中国社会奠定了道德基石,还在日常生活中影响着每一个中国人的行为和决策。在现代,中国文化不仅影响着人们的传统观念,还深度影响着中国的政治架构、经济模式、教育体系、社会结构,以及家族纽带。这些都是中国文化在当代的具体体现,也是其未来演变的土壤。

(二)中国文化的特征

1. 历史连续性

中国文化有显著的历史连续性,这意味着许多古老的传统、习俗和思想在今天仍在被传承和实践。这种连续性不仅仅是时间上的延续,更反映了文化的深度和广度。例如,尽管中国历经了多次王朝更迭和社会变革,但某些核心价值观,如孝道、忠诚和尊重,仍然深深植根于人们的心中。庆祝中国传统节日(如春节、中秋节和端午节)的,不仅有中国人,还有全球华人。这种历史连续性使中国文化在面对外部冲击和挑战时,仍能保持自身的独特性和韧性。

2. 文化多元化

中国是一个地域辽阔、民族众多的国家,这为其文化的多元化发展提供了丰富的资源。从北到南,从东到西,不同的地区都有各自独特的方言、习俗和传统。例如,川菜、粤菜、鲁菜和苏菜诞生于中国的不同地区,每种菜系都有其独特的风味和烹饪技巧。此外,56个民族都为中国文化的多样性作出了贡献,每个民族都有自己的语言、服饰、音乐和舞蹈。这种文化的多元化不仅丰富了中国的文化遗产,还使中国文化在全球范围内具有广泛的吸引力和影响力。

3. 强调"中庸之道"

"中庸之道"是中国文化的核心观念之一,它强调平衡、和谐和适度。这种观念源于古代的儒家思想,在今天仍然对中国人的思维方式和行为方式有深远的影响。不论是在日常生活中,还是在国家治理中,都可以看到"中庸之道"的影子。例如,在决策过程中,中国人往往会考虑各种因素,寻求平衡,而不是走极端。在人际关系中,人们也会强调和谐和相互尊重,避免冲突和对抗。这种对和谐和平衡的追求,不仅体现在个人和家庭的生活中,还体现在国家和对国际关系的处理中。

4. 注重家庭和亲情

家庭在中国文化中占据着核心地位。自古以来,家庭就被视为社会的基石,而亲情关系则是维系家庭成员的纽带。在中国,家庭不仅仅是一个生活的单位,更是传承文化、教育后代和维护家族荣誉的场所。孝道,即尊敬和照顾长辈的道德观念,被视为中华民族的核心价值之一。例如,许多中国家庭在决策时会首先考虑家族的利益和荣誉,而不仅仅是个人的利益。此外,重要的节日和庆典,如春节和中秋节,都是中国人与家人团聚的时刻,这进一步体现了家庭和亲情在中国文化中的重要性。

5. 倡导集体主义

与西方的个人主义相对,中国文化更强调集体和团队的利益。这种集体主义观念源于农耕文明的历史背景,当时的人们需要团结合作以应对各种挑战。在现代社会,这种观念仍然深入人心。不论是在学校、工作场所还是社区,为集体的利益而努力的行为都会受到鼓励,而不是单纯推崇个人的成功。例如,许多中国公司和组织在评价员工时,不仅仅看其个人的业绩,还会考虑其对团队和组织的贡献。这种集体主义观念也在中国人的日常生活中有所体现,如人们在公共场合往往会避免个人表现太过突出,努力融入集体。

6. 重视礼仪和教育

礼仪在中国文化中有着悠久的历史和深厚的文化背景。从古代的宫廷到现代的商务场合，礼仪都被视为展现个人修养和教养的重要手段。在日常生活中，不论是拜访亲友、参加宴会还是处理事务，都需要遵循一定的礼仪规范。这些规范不仅仅是形式，更是对他人的尊重和自律的表现。与此同时，教育在中国文化中也被高度重视。自古以来，学习就被视为提高自身和家族地位的重要途径。例如，古代的科举制度就是选拔官员的主要机制，而在现代社会，教育仍被视为实现社会流动和提高生活质量的关键。不论是家庭、学校还是社会，都强调教育的重要性，并为之投入大量的资源和精力。

（三）传播中国文化的意义

1. 有利于中华民族的可持续发展

中国文化的传播对弘扬民族精神，增强民族自信，推动中国特色社会主义精神文明建设等方面具有重大意义，因而有利于中华民族的可持续发展。

（1）弘扬中华民族伟大精神。传播中国文化的首要意义在于弘扬中华民族伟大精神。中华文明历史悠久，从古代的诗歌、书法、音乐，到现代的文学、艺术、电影，都是中国人智慧和创造力的体现。这些文化元素在国内外传播时，不仅仅是艺术和知识本身，更是中华民族精神风貌的展现。例如，古代的《诗经》《楚辞》和《庐山谣》等诗歌，都表达了中国人对家国和自然的深沉情感，这些情感构成了中华民族的集体记忆和情感纽带。当这些作品被翻译成其他语言并被展现在国际舞台上时，它们不仅仅是文学作品，更是中华民族精神的集中体现。

（2）增强文化自信。中国文化的传播也有助于增强文化自信。在经济全球化的背景下，文化交流和碰撞变得日益频繁。拥有丰富而独特的文化遗产的中国，通过文化传播，可以展现其独特的价值观、哲学和艺术成就。例如，中国的传统医学、武术和茶文化在国外受到了广泛的关注。这不仅仅是因为它们具有实用价值，更是因为它们凝聚了中华民族的智慧。中国文化在国际舞台上得到认可和尊重，不仅可以增强中国人的民族自信，还能为中华民族在国际社会中地位和影响力的提高提供坚实的支撑。

（3）推动中国特色社会主义精神文明建设。中国文化的传播还对推动中国特色社会主义精神文明建设具有重要意义。文化是一个国家和民族的灵魂，它不仅仅是历史和传统的传承，更是现代社会的精神支柱。在中国，中国特色社会主义精神文明建设是国家建设的重要组成部分。通过文化传播，中国人可以将中国特色社会主义核心价值观、道德观念和生活方式传播到世界的每一个角落，从而为中国特色社会主义建设提供强大的精神动力。例如，近年来，中国的电影、电视剧和音乐作品，都在传播中国特色社会主义核心价值观，如爱国、敬业、诚信和友善等。这些作品不仅仅是娱乐产品，更是中国特色社会主义精神文明建设的成果和工具。

2. 有利于人类文明的进一步发展

（1）推动全球文化多样性发展。中国文化传播在推动全球文化多样性发展方面注入了新的活力。中华文明，作为世界上历史最悠久的文明之一，拥有丰富的内涵，包括哲学、艺术、科学和社会制度等方面。当这些文化元素被介绍到其他国家和地区时，它们也可以为当地的文化景观增添新的色彩。例如，中国的书法、陶瓷艺术和茶文化在许多国家备受青睐，这些文化交流活动丰富了当地的文化传统，使其更为多元化和包容。此外，中国文化的传播还为世界文化的创新提供了灵感和资源。许多国家的艺术家、学者和设计师都从中国文化中汲取灵感，创作出了具有国际影响力的作品。

（2）促进全球文化的交融与整合。中国文化的传播不仅仅提高了世界文化的多样性，还促进了不同文化之间的交流和融合。在全球化的背景下，文化交流已经成为人们日常生活的一部分。中国文化，作为东方文明的代表，与西方文明在许多领域都有了深入的交流和合作。例如，人们将中国传统的音乐和舞蹈与西方的音乐和舞蹈融合，创造出了新的艺术形式。此外，中国的哲学和宗教观念，如道家的"无为而治"和佛教的"中道"，也与西方的哲学和宗教观念产生了对话和交流，为人类文明的融合性发展提供了新的视角和方式。

（3）为人类社会的持续进步提供动力。中国文化的传播还为人类社会的持续进步提供了宝贵的经验和资源。在面对全球性的挑战，如气候变化、资源短缺和生态危机时，中国文化中的许多观念和方法都为人类提供了新的思路和解决方案。例如，中国的传统农业和医学都强调与自然的和谐共生，这些观念为现代的生态文明建设提供了有力的思想支撑。此外，中国文化中的许多哲学和伦理观念，如儒家的"仁爱"和"和而不同"，都为人类文明的和平与合作提供了理论基础和实践方法。这些文化遗产不仅仅是历史的传承，更是人类面对未来挑战时可以利用的宝贵资源。

二、对西方文化的认识与了解

（一）西方文化的形成与发展

西方文化的形成是一个复杂的过程，受到了许多内外部因素的影响。其中，自然环境为文化的发展提供了基础，地理位置和生态条件影响了人们的生活方式和思维模式。此外，每个地区的特定风俗、生产技术、政治架构和经济模式也为文化的形成注入了独特的元素。西方文化的根基可以追溯到三大传统。一是古希腊的人文主义和科学探索精神，它强调人的价值和理性思考。二是古罗马的政治和法律体系，它为西方国家提供了治理的模板。三是宗教传统，它在社会上起到强调道德和信仰的重要作用。此外，西方文化的发展也经历了几个关键时期。中世纪时，宗教在文化和学术中占据了核心地位。文艺复兴时期，人们重新发现了古典文化，并强调个人主义和创新。工业革命则为人们带来了科技、经济和社会制度的巨大变革。现代时期，经济全球化和技术的进步进一步推动了文化的交流和融合。

1. 希罗文化阶段

希罗文化阶段是西方文化发展的初期，主要包括古希腊和古罗马两大文化传统。古希腊文化是西方文化的重要源头之一。在西方古典时代，希腊城邦如雅典、斯巴达等繁荣发展，形成了独特的政治、经济和社会结构。哲学、文学和艺术在这一时期达到了巅峰，众多哲学家，如苏格拉底、柏拉图和亚里士多德等提出了对人、自然和宇宙的深刻见解，为后世留下了宝贵的思想遗产。在艺术领域，古希腊的雕塑和建筑风格影响了后世无数的艺术家和建筑师。古罗马文化则是在古希腊文化的基础上发展起来的。罗马帝国的扩张带动了文化的传播和交流，同时让古罗马吸收了其他文化的精华。古罗马的法律、政治制度和军事组织在这一时期得到了完善，为西方国家积累了重要的治理经验。此外，拉丁文学、建筑和工程技术也在这一时期发展到高峰。

2. 中世纪阶段

中世纪是西方文化发展的一个重要时期，大约是从公元5世纪到15世纪。在这一时期，西方社会经历了罗马帝国的衰落、基督教的崛起和封建制度的形成。宗教在中世纪的文化中占据了核心地位。教会成为文化的中心，修道院成了学术研究的重要场所。在这一时期，神学是占据主导地位的学科，众多神学家为基督教教义做出了深入的解释。此外，中世纪也是骑士文化和封建制度高度发展的时期。骑士精神、荣誉观念和忠诚观念在这一时期被极为推崇。同时，封建制度为社会提供了稳定的政治和经济结构。

3. 文艺复兴至启蒙时期

这一时期标志着西方文化的重生和思想的觉醒。文艺复兴时期，人们开始重新审视古典文化，挑战传统的封建和宗教观念。这一阶段的核心是人文主义，它强调人的价值和地位，倡导从中心化的宗教思维中解放出来，更加关注个体和人性。这种思想的解放为后来科学革命的发生和哲学的发展打下了坚实的基础。与此同时，大航海时代的到来使西方的地理边界得到了拓展。新大陆的发现和东西方的交流不仅加速了文化的交融，还为西方的经济和政治带来了深远的影响。这一时期人们发展出来的探索精神为后来西方人的殖民扩张和全球贸易的发展奠定了基础。启蒙运动则是对传统权威和专制的挑战。在这一时期，人们开始追求知识、自由和平等，反对盲目的信仰和权威的压迫。启蒙思想为资产阶级革命提供了思想武器，也为现代民主制度的形成打下了基础。

4. 现代时期

在 19 世纪开始的现代时期，西方文化经历了前所未有的变革。在这一时期，民主、科学和理性成为西方文化的核心价值。科技的飞速发展，尤其是工业革命，彻底改变了人们的生活方式和思维模式。城市化、工业化和资本主义的崛起为西方国家带来了前所未有的繁荣，但也为其带来了社会的分化和冲突。科学和技术的进步使人们对自然和社会有了更加深入的认识，也使人类掌握了前所未有的力量。然而，这种力量也给人们带来了伦理和道德上的挑战，如环境污染、核辐射等问题。此外，现代文化也强调个人主义和自由主义，人们追求个性的解放和自我实现。与此同时，全球化的趋势也使西方文化与其他文化有了更加深入的交流和融合，增强了其多元性和包容性特征。

（二）西方文化的典型特征

1. 天人对立

西方文化中的天人观念与东方文化存在显著的差异。在西方人的思维模式中，人与自然被视为两个独立的实体，存在明确的界限。这种观念不仅强调人的独立性和主体性，还突出了人与自然之间的对立关系。这种对立关系为西方文化注入了一种积极进取的精神，即人类应该努力征服和改造自然，从中获取所需的资源，以满足自身的需求。这种观念为西方的科技和工业革命提供了思想基础，也为西方社会的快速发展创造了条件。此外，在这种天人对立的观念下，西方社会更加重视个体的价值和贡献，强调个体的自由、权利和创造性。

2. 理性主义

西方文化中，理性主义是其核心特征之一。理性主义源于古希腊的哲学传统，它强调通过逻辑和推理来认识和解释世界。与此同时，西方文化也强调实证的方法，即通过观察和实验来获取知识。这种重视实证和理性的思维方式为西方的科学革命提供了思想基础，也为西方社会的进步和发展创造了条件。在西方文化中,理性被视为人类最可贵的品质,和人类与其他生物的区别之一。理性不仅是认识世界的工具,还是人类行动的指导原则。这种理性主义为西方的法律、政治和经济体系的发展提供了理论基础,也为西方社会的公正、自由和平等思想的产生创造了条件。

3. 个人主义

在西方文化中,个人主义被视为核心价值观念之一。这种价值观念强调每个人都是独立的、有价值的存在,每个人都有权利追求自己的幸福和利益。在这种文化背景下,个人的自主权、选择权和表达权被视为不可侵犯的。这种对个人价值的尊重和强调,为西方社会进步提供了动力。在西方文化中,个人的成功和成就被视为最高的荣誉。它鼓励人们通过努力和奋斗来实现自己的目标,认为只有个人得到充分的发展,社会才能得到充分的发展。

西方文化中的个人主义不仅强调个人的价值和权利,还强调个人的独特性和个性。在这种文化背景下,人们勇于表达自己,追求与众不同,每个人都被认为是独一无二的,都有自己的特点和风格。这种对个性的尊重和鼓励,为西方艺术、文学的发展打下了思想基础,也为西方社会的多样性发展和创新发展提供了动力。总而言之,这种个人主义的价值观念为西方的经济、政治和文化发展提供了思想基础,也为西方社会的繁荣和进步创造了条件。

三、对待中西方文化的态度

在经济全球化的浪潮中,文化的交流和融合已经成为一种不可逆转的趋势。作为两大文化体系的中西文化,其交融不仅是一种必然,还是文化进步的体现。文化不应被看作一种孤立、固定的事物,而应该被视为一个动态、开放的系统,它在与其他文化的交流中不断地自我更新和发展。面对中西文化的交融,应持有一种开放和包容的态度。这意味着人们既要尊重和欣赏其他文化的优点,也要对自己的文化进行反思和创新。开放意味着愿意接受和学习其他文化的长处,而包容则意味着在接受的同时,理解和尊重文化差异。

中西文化在交融中相互影响、相互促进。西方的开放、创新和民主思想为中国带来了新的思考和启示，而中国的传统文化和智慧也为西方人提供了新的视角和灵感。这种相互影响不仅促进了文化的发展和进步，还加深了人们对文化多样性的理解。然而，在中西文化交融的过程中，人们也应该警惕文化同质化的趋势。每一种文化都有其独特的价值和意义，应努力保护并传承，而不是盲目地追求文化的一致性。同时，人们应该警惕外来文化对本土文化的冲击，确保在接受外来文化的同时，保持自身文化根基和特色。

第三节　职业道德素质的要求

一、职业道德素质概述

（一）职业道德素质的概念与内涵

1. 职业道德素质的概念

职业道德素质指在特定的职业领域中，人们应当遵循的道德标准和行为准则。这些标准和准则不仅体现了普遍的社会道德价值观，还融入了特定职业的特性和要求。它不仅关乎个体在职业生活中的行为和决策，还关乎该职业群体对社会的承诺和责任。职业道德素质不仅要求从业者具备高尚的道德情操和品质，还要求他们在实际工作中，能够根据职业的特性和社会的期望，做出正确的判断和决策。

2. 职业道德素质的内涵

（1）职业品德。职业道德素质的基础。它要求从业者在日常工作中展现正直、诚实和公正的品质，不论面对何种诱惑或压力，都应坚守职业的道德底线，不做违背职业道德的事情。

（2）职业纪律。每个职业都有的特定的工作规范和纪律要求。从业者应严格遵守之，确保工作的专业性和效率。例如，医生应遵循医疗规范，为患者提供最佳的治疗方案；记者应坚持记录事实真相，公正报道。

（3）专业能力。从业者具应备的专业知识和技能。只有当从业者具备了足够的专业能力，他们才能真正为社会和公众提供有价值的服务。

（4）职业责任与义务。每种职业所承担的特定社会责任和义务。从业者不仅要为自己的行为负责，还要为整个职业群体和社会承担责任。这意味着，当职业行为可能会对社会或公众造成影响时，从业者应当深思熟虑，确保自己的决策和行为是基于公众最大利益的。

（二）职业道德素质的重点

职业道德修养是职业道德素质的重点部分，它不仅关乎个人的职业发展和成功，还关乎整个社会的和谐与进步。每一个从业者都应当认识到职业道德修养的重要性，努力提高自己的职业道德素质，为构建一个更加公正、和谐的社会做出贡献。

1. 职业道德修养的核心意义

职业道德修养不仅仅是一种外在的行为规范或职业要求，更是从业者内心深处的价值观和道德观的体现。它涉及个体如何看待自己的职业，如何对待工作中的每一个细节，以及如何与同事、客户和社会互动。这种修养是在日常工作中不断积累和形成的，它要求从业者在面对各种职业挑战和道德困境时，坚守自己的道德底线，做出正确的决策。在现代社会，随着职业的多样化和复杂化，职业道德修养的重要性日益凸显。不论是在高度专业化的领域，还是在日常的工作中，从业者都需要具备高度的职业道德修养，以保证工作的质量，同时为整个社会创造更多的价值。

2. 自我修养与外部培训的结合

职业道德修养的形成是一个长期、复杂的过程，它既依赖于外部的教育和培训，也需要从业者的主动参与。外部的教育和培训可以为从业者提供必要的知识和技能，帮助他们认识到职业道德的重要性，但职业道德修养更需要从业者在实际工作中不断地自我完善。自我修养是职业道德修养的核心，它要求从业者不断地反思自己的行为，对自己的工作抱有高度的责任感，同时对自己的道德行为有一个清晰的认识。这种自我修养不仅仅是一种准则或习惯，更是一种深入骨髓的价值观和人生态度。

（三）职业道德素质的作用

职业道德素质是社会道德体系的重要组成部分，它一方面具有社会道德的一般作用，另一方面又具有一些特殊作用，具体表现在以下四个方面。

1. 职业道德在职业交往中的调解作用

职业道德在职业交往中发挥着至关重要的调解作用。在一个职业领域内，从业者之间的关系可能会因为竞争、工作理念的不同或其他原因而变得复杂。职业道德为这些从业者提供了一个共同的行为和价值观念基准，确保他们在工作中能够相互尊重、合作，从而形成一个和谐、高效的工作环境。此外，职业道德还为从业者与服务对象之间建立信任关系提供了基础，确保双方的权益得到保障，从而促进长期、稳定的合作关系的形成。

2. 职业道德对行业信誉的维护

行业的信誉是行业在公众心中所形成的一种积极的印象，它直接关系到该行业在市场上的竞争力。职业道德可以确保从业者提供高质量的产品和服务，从而赢得客户的信任和支持。当一个行业的从业者普遍遵循高标准的职业道德时，该行业的整体形象和声誉也会得到提升，从而吸引到更多的客户和资源。

3. 职业道德对行业发展的推动

行业的持续发展需要从业者具备高水平的专业知识、技能和责任感。其中，责任感是确保从业者始终为提供最佳服务而努力的关键。培养职业道德增强了从业者的责任感，使他们更加关注自己的工作质量，更愿意为客户提供超出期望的服务。这不仅有助于提高行业的经济效益，还为行业的长期、稳定发展创造了有利条件。

4. 职业道德对全社会道德水平的提升

职业道德不仅仅关乎个体或某一行业，还与整个社会的道德风尚和价值观念紧密相关。当各个行业都遵循高标准的职业道德时，这些道德标准和价值观念会逐渐渗透到整个社会之中，从而提高全社会的道德水平。这种提高不仅体现在人们的日常行为中，还体现在社会的整体风气和文化氛围方面。

二、汉英译者应具备的职业道德素质

在经济全球化发展的时代背景下，汉英译者所面临的挑战和肩负的责任更为重大。他们不仅仅是译者，更是中国文化的传播者和中西方文化交流的桥梁。因此，他们应具备以下职业道德素质。

（一）尊重原文

尊重原文是翻译的基石。每一篇文献、每一段文字都是作者的心血结晶，背后往往蕴含着深厚的历史文化和作者的情感投入。译者在进行翻译时，必须深入理解原文的核心思想和情感，确保翻译的内容不偏离原文的意图。此外，行文风格、修辞和节奏也是原文不可或缺的组成部分。译者应努力保留这些元素，使译文尽可能地再现原文的魅力和深度。只有真正尊重原文，译者才能为读者提供一份既忠实又生动的译作。

（二）保持中立和客观

翻译是一种特殊的传播活动，译者扮演的是中介者的角色，而不是创作者。因此，他们必须保持中立和客观，确保译文不受个人情感、观点或偏见的影响。在某些情况下，原文可能涉及敏感或有争议性的话题，译者在这种情况下更应该小心，避免加入任何可能导致误解或偏见的元素。此外，客观性也意味着，译者在对待每一份工作时都应该持有同样的认真态度，不论其内容是否与自己的观点或信仰相符。只有做到真正的中立和客观，译者才能确保译文的公正性和准确性。

（三）履行保密义务

在许多情况下，译者可能会接触到客户的敏感信息，如商业机密、法律文件或个人隐私。这些信息的公开可能会对客户的利益、声誉或安全产生重大影响。因此，译者有义务确保这些信息的安全性，不得泄露、复制或滥用。履行保密义务不仅是对客户的尊重，还是译者职业道德的基本要求。违反保密义务可能会导致法律纠纷，严重损害译者的职业声誉。因此，译者应始终保持谨慎，确保所有敏感信息的安全。

（四）保持诚实和诚信

诚实和诚信是任何职业发展的基石，对译者而言尤为重要。译者在与客户或雇主交往时，应该如实描述自己的专业能力、经验状况和翻译水平。夸大或虚假陈述可能会导致客户的期望与实际翻译产出的效果之间存在差距，从而损害双方的信任关系。诚信不仅仅体现在对自己能力的真实描述上，还包括在翻译过程中对原文的忠实、对工作时限的遵守以及对报酬的合理要求等方面。只有建立在诚信基础上的合作，才能确保职业发展的长久稳定和较高的客户满意度。

（五）虚心接受批评和建议

翻译工作中，不可避免地会出现差错或不同的译法选择。在这种情况下，听取外界的批评和建议就是译者提高自身水平的重要途径。译者应该对这些建议持开放的态度，不应抱有敌意或防御心态，将批评看作学习和成长的机会。通过听取他人的意见，译者可以更好地了解自己的不足，从而在未来的工作中做得更好。此外，与客户、同行或校对者进行沟通也是提高翻译质量的关键。译者应该虚心地与他们交流，共同探讨最佳的译法，确保译文的准确性和流畅性。只有持续地学习和进步，译者个人才能在这一竞争激烈的行业中脱颖而出。

三、汉英译者提升职业道德素质的途径

（一）深入参与职业培训和研讨会

汉英译者可以通过参与专业的培训课程和研讨会来提高自己的职业道德素质。这些活动通常由翻译协会、学术机构或其他专业组织主办，旨在提高译者的专业水平和道德觉悟。在这些活动中，译者不仅可以学习到最新的翻译技术和理论，还可以与同行深入探讨与职业道德相关的问题，如何处理敏感信息、如何避免利益冲突等。例如，译者可能会在一个关于商业机密翻译的研讨会中，学习到如何在保护客户隐私的同时，确保翻译的准确性和专业性。这种深入的学习和交流活动，有助于译者树立正确的职业观念，增强职业道德的自觉性。

（二）建立并遵循个人职业道德准则

每位译者都应该为自己制订一套职业道德准则，并严格遵循。这套准则应该基于翻译行业的通用道德标准，但也可以根据译者自己的经验和理解进行调整。例如，译者可以在准则中明确规定，不接受与自己利益相关的翻译任务，或者在翻译过程中不使用未经授权的资料。通过明确自己的道德底线，译者可以在面对道德困境时，更加冷静和果断地做出决策。长期坚持并遵循这套准则，有助于译者树立良好的职业形象，赢得客户和同行的尊重。

（三）主动参与职业交流和互助活动

译者可以通过参与职业交流和互助活动，与其他译者分享经验，互相学习，共同提高。这些活动可以是线上的论坛讨论、线下的聚会或工作坊等。在这些活动中，译者可以听取其他人的看法，了解他们在工作中遇到的道德困境和解决方法。例如，一个译者可能会在活动中分享自己在翻译一个涉及敏感政治话题的文章时，如何保持中立和客观的经验。这种交流有助于开阔译者视野，加深其对职业道德的理解，也可以使其在面对困难时，得到同行的支持和帮助。

第四节 跨文化交际能力的要求

一、跨文化交际能力的定义

在对跨文化交际能力的研究中，中外学者根据本国国情和研究情况，对跨文化交际能力有不同的定义。

西方学者中，布莱恩·斯皮茨贝格（Brian Spitzberg），从广义角度对跨文化交际能力进行了定义，认为跨文化交际能力体现为在某一特定语境下恰当而又有效的交际行为。[①] 这一定义强调了"恰当性"和"有效性"，这意味着跨文化交际不仅仅是简单地传达信息，更重要的是确保信息在不同的文化背景下都能被正确理解和接受。这种定义体现了交际的双向性，即既要考虑说话者的意图，也要考虑听话者的反应。这种平衡和互动是跨文化交际的核心。

佩里（Laura Perry）和索斯威尔（Leonie Southwell）的定义与施皮茨贝格的观点相似，但更加强调"不同文化背景"这一点。这意味着跨文化交际能力不仅仅是一种语言能力，更是一种文化意识和文化敏感性。这种能力要求人们不仅要了解自己的文化，还要了解其他文化，能够在不同的文化背景下进行有效的交流。[②]

中国学者对跨文化交际能力的定义与其研究成果如下。贾玉新将跨文化交际能力定义为四大系统，即基本交际能力系统、情节能力系统、情感和关系能力系统以及交际方略能力系统，这种分类方式体现了对交际能力的全面和系统的理解。他强调了基本的交际技巧，同时关注情节、情感和关系等更为微妙的交际因素。这种定义为跨文化交际的研究提供了一个宏观而细致的

[①] SPITZBERG. A model of intercultural communication competence[M]//SAMOVAR, PORTER. Intercultural communication: a reader. Belmont: Wadsworth, 2000: 375.

[②] PERRY, SOUTHWELL. Developing intercultural understanding and skills: models and approaches[J]. Intercultural Education, 2011, 22(6): 455.

框架①；陈国明则从三个层面对跨文化交际能力进行了具体的定义。首先，认知层面，即跨文化交际意识；其次，情感层面和行为层面，即跨文化交际技巧的实践性应用。这意味着跨文化交际能力不仅仅是一种技能，更是一种意识和态度。这种定义体现了对跨文化交际的深入理解和人文关怀②；文秋芳则从能力角度对跨文化交际能力进行了具体分析，将跨文化交际能力分为交际能力和跨文化能力，前者包含语用能力、语言能力和策略能力，而后者具体指对文化差异的敏感性、宽容度和处理文化差异的灵活性等等。③

不同领域和不同国家的学者对跨文化交际能力的定义有所不同，因而本书综合考虑了多方面因素，最终给跨文化交际能力的定义如下：一种在多元文化背景下理解、应对和适应文化差异的能力。这种能力涉及对不同文化背景、价值观和社会规范的深入理解和尊重。在全球化的背景下，提高跨文化交际能力是人们成功交流和合作的关键。

跨文化交际的得体性和有效性是评价跨文化交际能力的两个关键指标。得体性与交际参与者的言行是否符合目的文化的价值观、行为模式和社会规范相关。这意味着跨文化交际不仅仅要传达信息，更要确保信息在不同的文化背景下都能被正确、恰当地理解和接受。有效性则与交际参与者是否能够实现自己的交际目标，达到交际的目的有关。这意味着跨文化交际不仅要考虑说话者的意图，还要考虑听话者的反应和需求。只有当交际双方都能够满足自己的需求和目标时，交际才能被视为是有效的。

二、跨文化交际能力的构成要素

斯皮茨贝格认为，跨文化交际能力由知识、动机、技巧和非语言表达等

---

① 贾玉新. 跨文化交际学 [M]. 上海：上海外语教育出版社，1997：480.
② CHEN G M, STAROSTA W J. The development and validation of the intercultural communication sensitivity scale[J]. Human Communication, 2000(3): 1-15.
③ WEN Q F. Globalization and intercultural competence[A]. InTamK&WeissT(eds.). English and Globalization: Perspectives from Hong Kong and Mainland China[C]. Hong Kong: The Chinese University Pres, 2004: 175.

四个要素构成，彼此之间具有相互影响和相互依存的关系，如图 7-2 所示。①

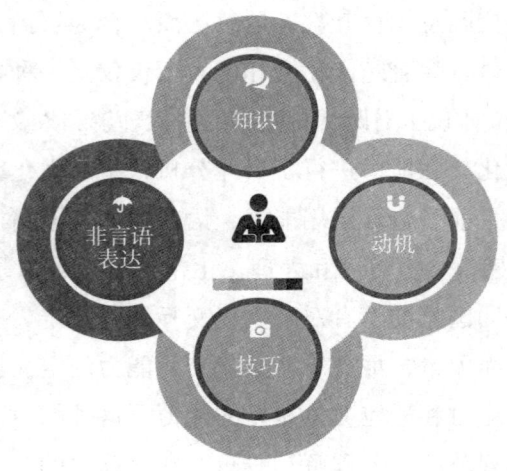

图 7-2 跨文化交际能力的构成要素

（一）知识

在跨文化交际中，知识不仅仅是某一文化的基本内容，还是关于文化背景、语境和行为规范的信息。这种知识为交际者提供了一个坚实的基础，使其能够在不同的文化背景下进行有效、恰当的交流。跨文化知识一般分为广义文化知识和狭义文化知识，广义文化知识即各国文化的知识，而狭义文化知识指某一特定语言民族的文化知识。

一方面，广义的文化知识为交际者提供了一个全球视角。这种知识涵盖了各国的文化模式、交往规则和行为习惯。掌握这种知识意味着交际者能够理解和尊重文化差异，能够在全球范围内与人进行有效的交流。例如，了解各国的礼仪和习惯可以帮助交际者避免文化冲突，更好地与不同文化背景的人进行交往。另一方面，狭义的文化知识则更加具体、深入。这种知识关注某一特定文化或语境的细节，如商务沟通、学术交流等特定场合的文化规范。掌握这种知识意味着交际者能够在特定的文化背景下与人进行得体、有

---

① SPITZBERG. A model of intercultural communication competence[M]//SAMOVAR, PORTER. Intercultural communication: a reader. Belmont: Wadsworth, 2000: 375.

效的交流。例如，了解某一国家的商务礼仪和习惯可以帮助交际者更好地进行商务沟通，达到交际的目的。

此外，跨文化交际中的知识还涉及对文化差异的敏感性和应对策略。交际者需要了解不同文化的价值观、思维方式和行为模式，能够识别和处理文化差异问题，确保交际的顺利进行。例如，了解某一文化对时间的看法和态度可以帮助交际者更好地安排和管理时间，避免文化冲突的发生。

（二）动机

跨文化交际能力中的动机要素涉及交际者在不同文化背景下的情感反应和预期情感联想。这种动机不仅是交际者与他人交往的驱动力，还是决定交际效果的关键因素。在跨文化交际中，情感并不仅仅是简单的快乐、悲伤或愤怒，它更多地涉及对不同文化的敏感性和态度。文化敏感性指交际者对不同文化背景下的各类信息的敏锐捕捉和理解能力。这种敏感性可以帮助交际者更准确地解读他人的言行，避免误解和冲突。而对某一特定文化的态度则反映了交际者对这一文化的接受度和评价。一个开放、尊重并愿意学习的态度，往往能够促进跨文化交际的顺利进行。

然而，跨文化交际中的挑战不仅仅来自文化差异。陌生的环境、语言障碍、不同的交往习惯等都可能成为交际者要面临的困难。在这种情况下，交际者的动机就显得尤为重要。只有当交际者具有强烈的交际动机，愿意主动面对和克服这些困难，他们才能真正实现有效的跨文化交际。此外，体验陌生事物的意愿也是提高跨文化交际能力的关键。通过亲身体验，交际者可以更深入地了解和感受不同文化，从而增强自己的文化敏感性和跨文化交际技巧。

（三）技巧

技巧在跨文化交际中十分重要，它是交际者在不同文化背景下实现有效沟通的关键工具。技巧的运用不仅仅是简单地应用所学的知识，更多的是在实际交际中灵活地调整和适应，以确保交际的得体性和有效性。运用跨文化交际技巧的核心问题是,如何将所掌握的跨文化知识与实际交际场景相结合,以及如何在不同的文化背景下灵活运用这些技巧。这需要交际者具备一定的文化敏感性,能够迅速捕捉到文化差异,并根据具体情境调整自己的交际策略。

例如,一个商务人员在与外国合作伙伴谈判时,不仅需要了解对方的商务习惯和礼仪,还需要掌握一定的谈判技巧,了解如何在保持礼貌的同时坚持自己的立场,如何在遇到文化差异时妥善处理,以避免误解和冲突的发生。技巧的运用也需要有一定的实践经验。正如学习骑自行车,仅仅了解理论是不够的,必须通过实践来掌握平衡和控制的技巧。同样,在跨文化交际中,交际者需要不断地实践,通过与不同文化背景的人交往,积累经验,不断完善自己的交际技巧。

(四)非语言表达

非语言表达在跨文化交际中占有至关重要的地位,它涉及一系列超越语言文字的沟通方式,这些方式往往能够更直观、更深入地传达信息和情感。在不同的文化背景下,非语言表达的形式和含义可能存在巨大的差异,因此,对其进行深入的了解和掌握对跨文化交际者来说是至关重要的。非语言表达的形式多种多样,包括肢体语言、面部表情、目光交流、声音的音调和节奏、身体接触、时间观念、空间距离感观念等。这些非语言的交际方式在不同的文化中可能有不同的解读和意义。例如,某些文化中,直接的目光交流可能被视为信任和真诚的标志,而在其他文化中,这可能被视为冒犯或挑衅。

非语言表达在跨文化交际中的重要性不仅仅体现在其直接的交际功能上,还体现在帮助交际者更深入地了解对方的文化背景和价值观上。例如,在某些文化中,人们的时间观念可能与其他文化有很大的不同,这种差异可能会影响到双方的交际效果和合作关系。

基于以上分析,为了更好地进行跨文化交际,交际者需要对非语言表达进行深入的学习和充分的实践。这不仅要求交际者对非语言符号有基本了解，更重要的是，交际者还需要通过实际的交际实践，不断地调整和完善自己的非语言交际技巧。例如，当交际者准备前往一个新的文化环境时，他们可以通过观察和模仿当地人的非语言行为，如握手、鞠躬、点头等，来更好地融入当地的文化环境。

三、跨文化交际能力的培养要点

（一）跨文化意识的培养

1. 跨文化意识的内涵

跨文化意识指个体对不同文化背景下的价值观、行为模式和交往方式的认知和理解。它不仅仅是对其他文化的知识性了解，还是对文化差异的尊重和接受态度。当今，各种文化交流日益频繁，因此，具备跨文化意识对个体来说是至关重要的。这种意识能够帮助个体更好地理解和适应不同的文化环境，避免文化冲突，促进跨文化交往的顺利进行。例如，当一个人从东方文化背景进入西方文化环境时，他可能会发现，西方人的交往方式和价值观与东方有所不同。如果这个人缺乏跨文化意识，他可能会因为对这些差异的误解而感到困惑或不适。但如果他具备跨文化意识，他就能够更好地理解这些差异，并采取适当的策略来适应新的文化环境。

2. 跨文化意识的培养方法

培养跨文化意识是一个系统的过程，其中包括对不同文化的深入了解、实际的跨文化交往经验和持续的反思。

（1）深入了解不同文化。深入探索和理解多元文化是建立跨文化意识的核心。如今，各种文化都在相互影响和交融，因此，对不同文化的深入了解不仅仅是为了满足好奇心，更是为了更好地与来自不同文化背景的人进行有效交流。阅读经典文献、研究历史和观看与文化相关的影视作品，都是了解文化的途径。此外，参与文化研讨会、讲座和工作坊也可以帮助个体从多个角度理解文化的复杂性。真正的文化理解不仅仅是知道某个国家的风俗习惯，更重要的是理解这些习惯背后的价值观、信仰和思维方式。只有这样，个体才能真正地跨越文化障碍，与他人建立真正的联系。

（2）实际的跨文化交往经验。虽然理论知识为跨文化交往的开展提供了基础，但真正的理解和适应往往来源于实际经验。身临其境地体验其他文化，可以使个体更直观地感受到文化差异，并学会如何在实际交往中处理这些差异。例如，一个人可能会在书本上学到某个国家的问候方式，但直到他真正与来自那个国家的人交往，他才能真正理解这种问候方式的深层含义。此外，实际的跨文化交往还可以帮助个体意识到自己的偏见，并努力克服。只有通过不断的实践和体验，个体才能真正地培养出对跨文化交往的敏感性和适应性。

（3）持续反思。跨文化交往并不总是顺利的，很多时候，个体可能会因为文化差异而遇到困惑。在这种情况下，持续的反思变得尤为重要。反思可以帮助个体更好地理解自己在交往中的行为和选择，找出可能的问题所在，并寻找更好的解决方法。例如，当一个人在与来自其他文化背景的人交往时遇到困难，他可以反思自己的交往方式，考虑是否存在文化偏见或刻板印象，并努力调整自己的态度和行为。持续的反思不仅可以帮助个体更好地适应跨文化交往，还可以促使其不断地成长和进步。

（二）跨文化技能的提升

1.跨文化技能的主要内容

（1）源语与目的语文化的联系能力。这一技能强调了学习者在掌握一种语言时，不仅仅要学习语言本身，更要深入了解与该语言相关的文化背景和思维方式。例如，当学习日语时，人们不仅要学习语法和词汇，还要了解日本的礼仪、习俗和价值观。这样，当与日本人交往时，人们就不仅能够流利地与之交流，还能够更好地理解他们的行为和思维，避免文化冲突。

（2）文化敏感性。在跨文化交际中，敏锐地捕捉到与文化相关的细微差异和潜在的文化陷阱也是一项重要的技能。例如，某些在西方文化中被视为正常的手势或行为，在其他文化中可能被视为不礼貌或冒犯。具备文化敏感性的人能够迅速捕捉到这些差异，并据此调整自己的行为，确保交际的顺利进行。

（3）中介角色的扮演。在跨文化交际中，有时可能会出现误解或冲突。此时，具备跨文化技能的人应能够扮演中介角色，协助双方理解彼此的文化背景和立场，从而化解冲突。例如，在一个国际团队中，当两位来自不同文化背景的团队成员发生冲突时，具备跨文化交际技能的团队领导可以帮助他们理解彼此的观点，找到共同的解决方案。

（4）克服文化定式的能力。这一技能要求个体能够超越自己的文化背景，敢于挑战和改变固有的文化观念和习惯。例如，某些文化可能提倡避免直接的冲突和对抗，但在某些情境下，直接和坦诚的沟通可能更为有效。具备这一技能的人要能够根据实际情境灵活调整自己的行为，而不是机械地遵循自己的文化习惯。

2. 跨文化交际能力的提高方法

提高跨文化技能在当下是十分重要的，这不仅涉及对理论知识的掌握，还是实践经验的积累。对多元文化的学习和实践是提高跨文化技能的基石。它不仅需要人们开展传统的课堂学习的，还需要人们实际的文化交流活动、旅行体验和与不同文化背景人进行深入交往。这种亲身体验能够使人们更加直观地感受到文化差异，从而更好地理解和适应不同的文化环境。模拟交际和角色扮演也是一种非常有效的方法，它可以帮助人们在一个相对安全的环境中模拟真实的跨文化交际情境，如商务谈判或国际会议。这种模拟实践不仅可以帮助人们锻炼和提高自己的跨文化交际技能，还可以帮助他们发现并纠正自己在交际中可能出现的错误。此外，参与专门的跨文化培训和工作坊也是提高跨文化技能的有效途径。这些培训和工作坊通常是由经验丰富的专家和教练组织的，他们不仅会教授跨文化交际的理论和策略，还会与参与者分享他们的实际经验和观点，帮助人们更好地理解和应对跨文化交际中的各种挑战。

第八章 汉英翻译的前景与挑战

第一节 当前汉英翻译的主要挑战

一、专业术语的翻译

随着社会的快速发展,新的术语和词汇不断涌现。这些术语在其他语言可能没有确切的对应词,需要译者进行深入的研究。专业术语翻译是一个重要的领域,涉及各种学科和领域的特有词汇和表达方式。专业术语翻译的准确性对确保信息的正确传递至关重要。

(一)专业术语翻译的定义和分类

1. 专业术语翻译的定义

专业术语翻译指将一个语言中的专业或技术术语准确、恰当地转化为另一种语言。这些术语通常在特定的学科或领域中有明确的定义和用途,如医学、法律、工程、经济等。专业术语翻译的目标是确保译文与源语言中术语的意思和用法完全一致。

2. 专业术语的分类

(1)科学技术术语。这类术语主要涉及自然科学、工程技术、医学等领域。例如，生物学中的"细胞"不仅仅指一个基本的生物单位，还涉及复杂的生物过程和功能。同样，医学中的"心电图"不只是一种简单的检查方法，还可以反映心脏的健康状况，为医生提供关于心脏疾病的重要线索。为了准确翻译这些术语，译者需要对相关领域有深入的了解，确保翻译的准确性和专业性。

（2）经济商务术语。这类术语涉及经济、金融、商务等领域。例如，"股票"不仅仅是一种金融工具，还代表了公司的所有权的一部分；"期货"是一种金融合约，涉及复杂的金融策略和风险管理；"供应链"则与产品从生产到消费的整个过程都相关。这些术语背后都有深厚的经济学和商学理论背景，译者需要确保翻译的准确性和连贯性。

（3）法律术语。这类术语涉及法律和法规。例如，"合同"不仅仅是一份文件，还涉及对权利和义务的规定；"侵权"涉及法律责任和赔偿；"民事诉讼"是解决民间纠纷的法律程序。为了准确翻译这些术语，译者需要对法律体系和法律原理有深入的了解。

（4）社会科学术语。这类术语涉及社会学、心理学、教育学等领域。例如，"社会结构"涉及社会的组织和功能；"认知发展"关乎个体的思维和知觉过程；"教育评估"是对教育效果的评价。这些术语都有其特定的理论和研究背景，译者需要确保翻译的深度和准确。

（5）艺术与人文术语。这类术语涉及文学、艺术、历史等领域。例如，"韵律"关乎诗歌的节奏和音乐性；"立体派"是20世纪初的一个艺术运动和流派，作为一种风格时，它强调物体的三维性；"古典主义"则代表了一种追求古代文化和艺术的审美观念。这些术语都涉及深厚的文化和历史背景，译者需要确保翻译的文化敏感性和准确性。

（6）其他专业领域。如农业、体育、环境科学等也有其特定的术语。例如，农业中的"养分循环"涉及土壤、植物和微生物的相互作用；体育中的"训练周期"关乎运动员的训练和恢复；环境科学中的"生态足迹"则是衡量人类活动对地球的影响程度。这些术语都有其特定的理论和实践背景，译者需要确保翻译的实用性和准确性。

（二）专业术语翻译的挑战

1. 文化和语境差异

专业术语往往是某一领域知识的精华和总结，它们在源语言中可能有着深厚的文化和历史背景。这种背景为术语提供了特定的含义和语境。当这些术语需要被翻译到另一种语言时，译者可能会遇到没有直接对应或含义相近的词语的问题。例如，中医学中的"气"和"经络"这样的术语，在英语中很难找到与之完全对应的词语，因为它们背后所代表的医学理论在西方医学中并不存在。又如，法律领域中某些特定的法律制度或概念，可能在另一国家并没有相应的制度或概念，这就要求翻译者在进行文字上的转换之外，对这些术语背后的文化和制度进行解释和阐述。

2. 专业知识要求高

专业术语的翻译不仅仅是语言转换的过程，更是知识转换的过程。翻译者需要对相关领域有深入的了解，以确保翻译的准确性。例如，在医学领域，同一个术语在不同的语境下可能有不同的含义，而这种差异可能对患者的治疗产生重大影响。因此，翻译者不仅需要精通两种语言，还需要对相关领域有深入的了解，这样才能确保翻译的准确性和专业性。

3. 术语的标准化和统一性问题

随着科技的迅速发展，新的术语和概念不断涌现。在某些新兴领域，一些术语可能还没有完全统一，不同的专家、机构或地区可能对同一概念有不同的命名。例如，在计算机科学中，新的技术和算法经常会有多个不同的名称。这种缺乏标准化的情况为翻译带来了额外的挑战。翻译者需要不仅要确保翻译的准确性，还要考虑目标语言的标准和习惯，确保翻译后的文本能够被目标受众理解和接受。

4. 多义性问题

在汉英翻译中，多义性是一个普遍存在的问题，尤其是在专业术语的翻译中。一个术语在源语言中可能有多个含义，而在目标语言中，这些含义可能需要用不同的词语来表示。例如，中文中的"行"可以表示"走"也可以表示"行业"或"银行"等多种含义，而在英语中，这些含义需要使用 walk、profession、bank 等不同的词来表示。这就要求翻译者不仅要对术语本身有深入的了解，还需要根据上下文准确判断术语的具体含义。

5. 时间和资源限制的困境

在现代的商业和学术环境中，时间是一种宝贵的资源。翻译项目往往有严格的时间限制，而专业术语的翻译需要进行大量的研究和参考，以确保翻译的准确性和专业性。这种时间压力可能会导致翻译者无法进行充分的研究和校对，从而影响翻译的质量。此外，翻译者可能没有足够的资源，如专业词典、数据库或专家咨询渠道，来帮助他们解决翻译中的问题。这种资源限制使翻译者在面对复杂和难以翻译的术语时感到更加困难。为了应对这些挑战，翻译者需要不断提高自己的翻译技能和效率，同时利用现有的资源进行有效的研究和参考。

（三）专业术语翻译的方法

1. 直译法

直译法是将源语言的术语按照字面意义直接翻译成目标语言的方法。这种方法适用于那些目标语言中有明确对应词的术语。例如，计算机领域的"硬盘"在英语中可以直接翻译为"hard disk"。这种翻译方法的优点是简单、直接，能够快速得到目标语言的对应词汇。但是，它也有局限性，因为不是所有的术语都可以直接进行字面翻译，有些术语可能在目标语言中没有对应词，或者对其进行直接翻译可能导致歧义。

2. 意译法

意译法是根据源语言术语的内涵和功能意义，而不是其形式结构，来进行翻译的方法。这种方法适用于那些直译可能会导致误解或没有明确对应词的术语。例如，中文中的"人山人海"描述的是人非常多的场景，如果直接翻译成英语的"people mountain people sea"则会让人困惑。使用意译法，可以将之翻译为"a sea of people",更能准确传达原文的意思。

3. 借译法

借译法是借用目标语言中已有的词语或表达方式,来表示源语言中的特定术语或概念。这种方法通常用于那些在目标语言中没有直接对应词,但有类似概念或现象的术语。例如,中文中的"武侠"这一特定的文化现象,在英语中没有直接的对应词。但译者可以借用英语中的"knight-errant"来进行翻译,因为它描述的是中世纪欧洲流浪的武士,与"武侠"有相似的文化背景和特点。

二、持续的专业发展

在经济全球化发展的时代,汉英翻译已经成为一个至关重要的桥梁,连接着中国与世界各国。然而,随着时间的推移,语言和文化都在不断地演变,为译者带来新的挑战。持续的专业发展不仅是译者职业生涯中的一个重要方面,还能帮助他们更好地面对这些挑战的。

(一)语言的持续变化

语言本身就是一个生动而不断变化的实体。新的词、短语和表达方式不断地出现,旧的用法可能会逐渐过时或被新的用法取代。译者需要不断地学习和适应这些新的词语和表达,确保翻译的准确。

1. 新词汇和表达的涌现

语言是社会变迁和文化发展的反映。随着社会的进步和科技的发展,新的概念、物品和现象不断涌现,也产生了大量新的词语和表达。例如,随着互联网和社交媒体的普及,"微博""直播""区块链"等词在汉语中诞生。对翻译者来说,这意味着他们需要与时俱进,不断地更新自己的词汇库和知识体系。否则,他们可能会面临理解障碍等难题,无法准确地传达原文的意思。

2.旧有用法的淡出与更新

随着科技和社会的进步,某些旧的词语和表达方式逐渐淡出了人们的视野,而新的词语和概念则不断涌现。例如,在中国,随着移动支付技术的普及,"扫码支付"等词迅速成为日常生活中的常用语。相对地,传统的"角""分""粮票"这样的表达方式在日常交流中的使用频率大大减少。翻译者在进行翻译时,需要对这些词语和表达进行适当的调整,确保翻译的内容与目标语言的文化和语境相适应,同时要确保准确性。这就要求翻译者不仅要了解语言,还需要对相关的技术和文化背景有深入的了解。

3.文化和社会背景的影响

语言不仅仅是文字和语法,还承载了丰富的文化和社会历史信息。随着中西文化交流的日益频繁,某些词语和表达在跨文化交流中获得了新的含义。例如,"红包"原本在中文中指包含钱的红色信封,但在数字化时代,它也可以指电子红包。翻译者在进行翻译时,不仅要考虑词汇的字面意义,还要深入挖掘其背后的文化和社会寓意,确保翻译的内容能够被目标受众正确理解。

(二)文化的演变

文化的演变也给翻译带来了挑战。文化习俗、价值观和社会观念都可能随着时间和社会变革而发生变化。这意味着译者不仅需要关注语言的变化,还需要对文化背景有深入的了解和敏锐的观察力。

1.文化习俗的变迁与翻译的敏感性

文化习俗是一个民族或社会群体的生活方式和传统习惯的总和,它在长时间的历史进程中形成并传承下来。但随着和社会的发展,一些传统的文化习俗可能会发生变化或得到新的解读。例如,在中国的春节,过去人们主要会组织参与家族团聚、守岁、放鞭炮等传统活动,但现在,越来越多的年轻人选择在春节期间出游或参与其他更为现代化的活动。这种文化习俗的变迁对翻译工作提出了新的要求。译者在翻译与春节相关的内容时,不能仅仅结合传统的理解，还需要对现代的文化背景和习俗有所了解，确保翻译的内容既能反映传统文化，又不失现代感。

2. 价值观念的转变与翻译的中立性

价值观指人们对事物的重要性、意义和价值的认识和评价。随着社会的进步和开放，人们的价值观也在不断地调整和转变。例如，过去在中国，"封建"和"旧"往往带有贬义，而"现代"和"进步"则具有褒义色彩。但现在，随着对传统文化的重新评价，许多"封建"和"旧"的文化元素被重新赋予了积极的意义。译者在翻译这些词语和概念时，需要保持中立，避免受个人价值观的影响，确保翻译的客观性和公正性。

3. 社会观念的更新与翻译的前瞻性

社会观念是人们对社会现象和社会关系的看法和态度。随着科技的进步、教育的普及和文化交流的深入，人们的社会观念也在不断地更新和进步。例如，关于性别平等的观念。在过去人们可能更多地强调男女有别，而现在则更加强调男女平等，反对性别歧视。译者在翻译与性别相关的内容时，需要具有前瞻性，捕捉到社会观念的最新变化，确保翻译的内容既能反映源语言的文化，又能适应目标语言的文化背景和社会观念。

（三）专业知识的扩展

汉英翻译领域的专业知识也在不断地扩展和深化。新的翻译理论、技术和工具不断地出现，为译者提供了更多的资源和可能性。为了保持竞争力，译者需要不断地学习和实践，掌握这些新的知识和技能。

（1）新的翻译理论正在涌现。随着跨文化交流的加深，翻译不再仅仅是文字的转换，更多还涉及文化、社会、心理等多方面的因素。这要求译者不仅要精通语言，还要对两种文化都有深入的了解。新的翻译理论更加强调文化背景、语境和受众的重要性，认为翻译不仅仅是忠实于原文，更要忠实于受众的需求和文化背景。

（2）技术的进步为翻译带来了革命性的变化。现代的计算机辅助翻译工具、机器翻译系统和在线词典为译者提供了强大的支持。这些工具不仅可以提高翻译的效率，还可以帮助译者更准确地捕捉原文的意思，避免常见的错误。但同时，这要求译者掌握这些工具的使用方法，不断地更新自己的技能。

（3）随着经济全球化的推进，各种专业领域的知识也在不断地融合。这意味着译者不仅要掌握语言和翻译技巧，还要对各种专业领域有所了解。例如，医学、法律、经济、科技等领域的翻译都有其特定的术语和表达方式，译者需要对这些领域有足够的了解，才能进行准确的翻译。

第二节 信息技术对汉英翻译工作的影响

一、信息技术的概念与内涵

（一）什么是信息技术

信息技术，简称IT，是一个综合性的领域，主要涉及计算、通信和数据处理的各种技术手段和应用。它涉及从硬件设备、软件系统到网络通信的所有方面，旨在实现信息的有效管理、处理和传输。在数字化时代，信息技术已经成为现代生活和工作中不可或缺的一部分，它不仅改变了人们获取、分享和使用信息的方式，还为各种行业和领域的发展提供了前所未有的机遇和可能性。信息技术的核心价值在于将大量的数据转化为有意义、有价值的信息，从而帮助个人和组织做出更加明智的决策。此外，随着云计算、物联网、人工智能等新技术的发展，信息技术的边界也在不断拓展，它的影响力和应用范围将持续深入社会的各个角落，为未来的创新和发展奠定坚实的基础。

1. 计算机技术

计算机技术，作为信息技术的核心组成部分，专注于计算机系统及与其相关的各种应用的研究和发展。它涵盖了从基础的计算机硬件到高级的软件应用以及网络设施等所有方面，为现代社会的各种行业和领域提供了强大的支持。从硬件的角度来看，计算机技术涉及计算机的各个组成部分，如中央处理器（CPU）、内存、存储设备、输入/输出设备等。这些硬件的发展和进步直接决定了计算机的性能和功能的上限。例如，随着微处理器技术的进步，现代计算机的处理速度和计算能力已经远远超过了早期的计算机。同时，存储技术的进步，如固态硬盘的出现，不仅提高了数据存储的速度，还大大增加了存储容量，使大数据处理和分析成为可能。

软件是计算技术的另一个重要组成部分。软件定义了计算机的功能和应用，它可以是操作系统、应用程序或其他类型的代码。随着编程语言和开发工具的进步，软件开发已经从早期的机器语言编程发展到现在的高级编程语言和集成开发环境。这使软件的开发变得更加高效、灵活和强大。例如，人工智能、虚拟现实、增强现实等前沿技术的发展，都离不开软件的支持。

网络方面，计算机技术涉及网络设施、网络协议和网络安全等方面。网络设施，如路由器、交换机和服务器等，支持各种计算机设备之间的连接和通信。网络协议，如 TCP/IP、HTTP 等，规定了数据在计算机网络中的传输方式。网络安全关注的是对计算机系统和数据的保护，防范网络攻击和数据泄露等风险。通信技术涉及数据在不同设备、系统和地点之间的传输，其传输过程主要依赖于网络结构，如因特网和局域网，以及各种通信协议和标准，如 TCP/IP 和蓝牙。通过无线和有线技术的发展，人们实现了高速、安全的数据传输，这保障了全球互联网的顺畅运行。

2. 通信技术

通信技术，作为现代社会的关键技术之一，主要涉及信息和数据在各种设备、系统和地理位置之间的传输和交换。它是数字时代的基础技术，为全球化、即时通信和远程协作提供了技术支持。

通信技术包括一系列方法和工具，旨在确保数据的有效性和迅速、安全的传输。这些方法和工具可以分为有线和无线两大类。有线通信，如光纤和电缆，因其稳定的传输速度和较低的数据丢失率，常被用于需要高带宽和稳定连接的场合。而无线通信，如 Wi-Fi、蓝牙和 5G，由于其部署的灵活性和广泛的覆盖范围，正逐渐成为日常生活和商业活动中的主导技术。除了传输媒介，通信技术还包括一系列标准化的通信协议，如 TCP/IP、SMTP 和 FTP。这些协议定义了数据包的结构、传输方式和错误检测机制，确保了数据在复杂的网络环境中的顺利传输。同时，为了进一步提高通信的效率和可靠性，信号处理、编解码和调制解调等技术也被广泛应用。

通信技术的重要性不仅体现在技术细节上，还体现在为现代社会带来的深远影响上。首先，它极大地促进了信息的自由流动，使人们可以跨越时空障碍，实时地交流和合作。无论是社交媒体上的即时消息，还是跨国公司的远程会议，都离不开通信技术的支持。其次，通信技术为新兴的应用领域，如物联网和智能家居，提供了技术支持，推动了技术和产业的创新。

3. 数据处理技术

数据处理技术是现代信息技术的核心组成部分，它涉及把原始数据转换为有用信息的一系列过程。随着大数据时代的到来，数据处理技术的作用变得尤为关键，因为如今要处理的数据量巨大，而且数据的复杂性也在不断增加。数据处理技术包括以下几个方面的内容。

（1）数据处理技术在提高数据收集效率方面起到了重要作用。在当今的数字化时代，数据已经成为各个行业的生命线，而这些数据往往有各种各样的来源。例如，传感器可以实时监测环境参数，为智能城市、农业和医疗健康等领域提供宝贵的数据输入。日志文件记录了软件和硬件的操作历程，为系统分析和故障排查提供了线索。社交媒体和在线交易平台则会产生大量的用户行为数据，为市场分析和用户画像提供丰富的信息。

（2）数据整理是确保数据质量和可用性的关键环节。在实际应用中，原始数据往往充满了噪声和不规则性。例如，用户在填写在线表单时可能会犯错误，或者在某些字段中留下空白。传感器在受到干扰或故障时可能会产生异常值。此外，由于数据来源的多样性，同一数据项可能存在多种表示方式，这也会导致数据的不一致。为了解决这些问题，数据清洗和预处理技术应运而生。数据清洗技术可以自动识别并修正错误和异常值，如通过应用统计方法检测和替换离群值。预处理技术则包括数据标准化、归一化和编码等，确保数据在后续的分析和建模中能够被正确地解释和使用。

（3）数据分析则是从整理好的数据中提取有意义的信息。这通常涉及统计分析、机器学习和数据挖掘等技术。数据分析，可以让人发现数据中的模式、趋势和关联，为决策提供有力的支持。机器学习和人工智能在此阶段发挥着重要作用，如分类、聚类、回归和深度学习等算法。

（4）数据可视化技术可将复杂的数据结构转化为直观、易于理解的图形。在信息爆炸的时代，人们每天都会接触到大量的数据。纯文本或数字形式的数据往往难以捉摸和解读，而通过可视化技术，数据的内在关系、模式和趋势可以被迅速地呈现在人们眼前。例如，通过观察图案的颜色、大小和形状的变化，人们可以被迅速识别出数据集中的异常值或特定模式。柱状图、饼图、散点图和热力图等，都是常用的可视化工具，每种工具都有其特定的应用场景和优势。

二、信息技术对汉英翻译工作的有利影响

（一）提高了翻译效率

计算机辅助翻译工具的出现标志着翻译行业的一个重大转折点。这些工具，如 Trados 和 Memo Q，不仅简化了翻译过程，还极大地提高了翻译的效率和质量。例如，翻译记忆功能可以自动识别和复制之前翻译过的句子或段落，从而避免了重复劳动，节省了大量时间。此外，术语库的建立可以确保专业术语的一致性，使长篇文档的翻译更加流畅和准确。这种技术进步不仅提高了翻译速度，还提高了整体的翻译质量。

（二）机器翻译的崛起

近年来，机器翻译技术取得了飞速的进展。机器翻译工具，如谷歌翻译、金山词霸和百度翻译，利用先进的深度学习和神经网络技术，可为用户提供近乎实时的翻译服务。尽管机器翻译在翻译某些复杂和专业的文本时仍

然存在局限性，但在日常交流、旅行或快速获取文本大意的场合，它已经成为一种重要的工具。此外，机器翻译也为译者提供了一个初步的翻译草稿，译者可以在此基础上对其进行修改和完善，进一步提高工作效率。

（三）促进了远程工作和合作

信息技术的发展彻底改变了翻译行业的工作模式。现在，译者可以在家中、咖啡馆或任何一个有互联网连接的地方工作。这种远程工作模式不仅提高了工作的灵活性，还打破了地理限制，使译者可以轻松地与全球的客户和同事进行交流与合作。这种跨时区、跨文化的合作模式为翻译项目带来了更多的视角和资源，提高了翻译的全球适应性。

（四）提供了丰富的资源和资料

互联网已经成为译者的宝贵资源库。无论是在线词典、专业术语库，还是各种翻译论坛和专业网站，都为译者提供了无尽的知识和信息。当译者遇到疑难问题或需要深入研究某个话题时，他们可以轻松地访问这些资源，获取所需的信息。这种即时的信息获取方式极大地提高了翻译的准确性和深度，使译者能够更好地满足客户的需求。

三、信息技术为翻译工作带来的挑战

（一）增加了市场竞争

随着信息技术的迅速发展和普及，进入翻译行业的门槛似乎变得越来越低。现在，任何拥有电脑和互联网连接的人都可以轻松访问在线翻译平台，如有道翻译或谷歌翻译，开始他们的翻译生涯。这种便利性使大量的新译者涌入市场，从而加剧了市场竞争。而机器翻译，尤其是近年来基于神经网络的机器翻译技术（如 Google Neural Machine Translation）也在发展，且翻译质量有了显著的提高。在翻译某些简单、标准化的文本（如天气预报、新闻摘要等）时，机器翻译的效果已经与人工翻译相当，甚至在某些情况下会超过人工翻译。这使那些对翻译质量要求不高或需要快速翻译的客户转向了机器翻译，也对传统的人工翻译产生了巨大的影响。

（二）保护隐私和数据安全的挑战

在数字化时代，数据是一种宝贵的资源。但与此同时，数据安全和隐私保护成了日益严重的问题。对翻译行业来说，这一问题尤为突出。译者在工作中经常需要处理客户的敏感信息，如商业合同、医疗记录、法律文件等。如果这些信息被泄露，可能会给客户带来严重的经济和法律后果。在线翻译工具和云服务为译者提供了极大的便利，但也存在数据安全风险。例如，一些在线翻译工具可能会保存用户上传的文本，用于改进其翻译算法。如果译者不加注意，可能会无意中将客户的敏感信息泄露给第三方。因此，译者在选择和使用这些工具和服务时，必须非常小心。他们应该仔细阅读服务提供商的隐私政策，确保自己的文本不会被第三方访问或使用。此外，译者还应该定期接受数据安全和隐私保护的培训，提高自己的安全意识，确保客户的信息安全。

第三节 汉英翻译的未来发展趋势

一、翻译与信息技术的深度融合

在21世纪，信息技术与翻译的结合已经成为一个不可逆转的趋势。在AI和机器学习技术支持下而发展出来的机器翻译工具，如谷歌翻译、百度翻译等，都在不断优化其算法，使翻译的准确性得到了很大的提升。特别是在处理日常对话、简单文本、技术文档等方面，机器翻译已经能够达到相当高的准确率。

但机器翻译的盲点在于它缺乏人类的情感认知和对文化背景的理解。例如，诗歌、小说、歌词等充满情感和有丰富文化背景信息的文本，机器仍然难以完美翻译。这就需要专业翻译人员的介入，他们不仅具备语言技能，还需要对原文的文化背景和情感有深入的理解。此外，随着技术的发展，更多的翻译辅助工具将会出现，如翻译记忆、术语管理、自动校对等，这些工具将帮助翻译者提高工作效率，同时保证翻译的质量。

二、翻译与本地化需求结合

本地化不仅仅是将文本从一种语言转换为另一种语言，还要确保信息、产品或服务在新的文化和语境中与原来的意图和情感保持一致。因此，本地化需要的不只是语言转换，还包括文化、法律、市场策略等方面的适应。例如，一款手机应用在从英语国家推向中国市场时，不仅要将语言翻译成汉语，还需要考虑中国用户的使用习惯、文化价值观、审美观念等。这就需要翻译者与市场专家、文化顾问等紧密合作，确保产品在新市场中获得成功。在未来，随着各国经济相互依赖性的增强，本地化的相关需求将越来越大。这为翻译行业带来了巨大的机遇，但同时向译者提出了更高的要求。

三、注重翻译的跨文化交流作用

随着经济全球化进程的推进，跨文化交流成为日常生活的一部分。而翻译作为文化桥梁，在这个进程中扮演了重要的角色。汉英翻译，特别是把中国文化翻译成英语的翻译，更是受到了前所未有的关注。为了满足这种需求，译者需要更深入地了解中国的历史、文化、社会和哲学，从而确保翻译的准确性和深度。这也意味着翻译教育和培训需要更加注重对文化背景的学习。此外，随着文化交流的增多，人们对翻译的需求也更加多样化。除了传统的书籍、电影、新闻报道等，还有各种文化活动、艺术展览、国际会议等场合需要翻译。这为翻译者提供了更多的工作机会，但同时要求他们具备更广泛的知识和技能。

四、翻译专业更加细化

随着经济全球化的深入和行业的快速发展，汉英翻译正在经历一个越来越细化的过程。传统上，翻译是一个内涵广泛的领域，包括各种不同的文本类型和内容。但现在，伴随着全球经济的复杂化和专业化，各个行业都有大量的专业性强、涉及深度领域知识的文档，这为翻译带来了新的挑战。例如，医学翻译不仅需要译者对语言有精确的掌握，还需要译者对医学领域有深入的了解。医学术语、药物名称、手术技术等，都需要译者具有一定的背景知识才能准确翻译。同样，法律翻译不仅仅是对法律条文的直译，更需要理解背后的法律原理和文化背景。金融翻译也是如此。随着国际贸易和投资的增加，金融文档、报告和合同的翻译需求也在增长。这类文档充满了专业术语和概念，需要翻译者对金融市场和经济背景有一定的了解。

第四节 汉英翻译教学的改革与发展

一、汉英翻译教学的重要性

（一）促进文化交流与理解

在当今，文化交流已经成为各国之间互动的重要组成部分。汉英翻译，作为中西文化之间的重要桥梁，起到了至关重要的作用。首先，每种文化都有其独特的历史、传统和价值观，这些都深深地融入了语言之中。通过翻译，人们可以更深入地了解和欣赏彼此的文化，从而增进互相之间的理解。此外，翻译还能够为文化交流提供一个平台，使各种文化成果，如文学、艺术、音乐和电影等，得以跨越语言和地域的障碍，被更多的人了解和欣赏。这不仅有助于促进国际友好关系的建立和维护，还能够为全球的和平与繁荣做出贡献。

（二）满足经济和商业需求

随着中国的经济崛起和英语国家的持续发展，中英之间的经济和商业合作已经达到了前所未有的高度。在这种背景下，翻译服务的质量显得尤为重要。首先，商业合同、技术交流和产品说明等都需要准确、专业的翻译，以确保双方沟通无误，避免可能的商业纠纷。此外，在中国品牌走向国际市场的过程中，对产品和服务的宣传和推广也需要专业的翻译支持，以确保其在国际市场上的成功亮相与传播。

（三）推动学术研究与交流

学术研究是人类知识进步的重要驱动力。在学术界，英语是主要的交流语言，但这并不意味着其他语言的学术成果没有价值。汉英翻译为中国的学者提供了一个展示其研究成果的平台，使他们的研究可以为国际同行所了解、评价和引用。同时，通过翻译，中国的学术界可以及时了解国外的最新研究进展，从而获得新的思路和灵感。此外，翻译还为国际学术的交流和合作提供了便利，使学者们可以跨越语言和文化的障碍，共同探索科学的真理。

（四）培养国际化人才

在经济全球化的大背景下，国际化人才成为各国的重要人力资源。这类人才不仅具备深厚的专业知识，还能够在多元文化环境中有效沟通和协作。汉英翻译教学在培养国际化人才方面起到了至关重要的作用。首先，通过系统的语言学习和实践，学生可以掌握高级的翻译技能，为未来的职业发展打下坚实的基础。更为重要的是，翻译教学不仅仅是语言转换的技能训练，还涉及文化、历史、社会等多个层面。这使学生在掌握语言技能的同时，能够形成对多元文化的理解和尊重态度，形成开放、包容的国际视野。这种综合能力，能够使他们在未来的工作和生活中，更好地适应和应对跨文化的挑战，成为真正的国际化人才。

（五）弘扬中华文化

中华文化是五千年文明史的结晶，其中蕴含了丰富的哲学思想、文学艺术成果、道德观念等。在经济全球化的背景下，将中华文化推向世界，让更多的人了解和欣赏这一古老而又充满活力的文化，具有重要的意义。汉英翻译在这一过程中扮演了关键角色。首先，高质量的翻译，可以确保中华文化在传播过程中保持完整性，避免因为文化差异和语言障碍而产生的误解。此外，专业的翻译还可以为外国读者提供更加深入、细腻的文化体验，使他们能够真正地感受到中华文化的魅力和深度。随着中华文化在国际上影响力的逐渐增强，它不仅可以为中国赢得更多的尊重和理解，还可以为全人类的文化交流和共同进步做出贡献。

二、汉英翻译教学的不利因素

汉英翻译教学在实践中面临着一系列的挑战和不利因素。

（1）翻译教学与传统的外语教学存在本质区别，但在实际操作中，这两者往往被混为一谈。外语教学重在培养学生的语言能力，而翻译教学则更注重培养学生的跨文化沟通能力和解决实际翻译问题的技巧。当翻译教学被简化为纯粹的语言教学时，学生可能会过于关注语法和词汇的准确性，而忽视了翻译中的文化和语境因素。

（2）过度依赖字面翻译的方法会导致翻译失去原文的内涵和韵味。翻译不仅仅是语言的转换，更是文化的传递。简单的字面翻译往往无法准确传达原文的深层含义，甚至可能导致严重的误解。因此，翻译教学应该强调对原文的深入理解，培养学生的文化敏感性和批判性思维。

（3）缺乏对翻译理论的系统学习和实践指导，会使学生在翻译过程中感到迷茫和无所适从。翻译理论可以为翻译实践提供理论支撑和方法指导，帮助学生更好地理解和解决实际翻译中遇到的问题。没有坚实的理论基础，学生可能会陷入盲目和机械的模式之中，难以提高翻译的质量。

（4）在汉英翻译教学中，教材问题一直是一个不可忽视的问题。教材的内容和结构在很大程度上决定了教学的方向和重点。长期以来，中国非英语专业的翻译教材往往过于偏重对语言知识的训练，而忽略了对翻译技能和跨文化沟通能力的培养。这种偏见导致翻译教学往往陷入词汇和语法方面的机械训练之中，而忽视了翻译实践中的实际问题和挑战。另外，翻译练习的内容与学生的专业和未来职业需求脱节，这会导致学生对翻译学习缺乏兴趣和动力。再者，现有的翻译教材在设计汉英翻译练习时，往往忽略汉语的丰富性和多样性。这导致学生在翻译实践中往往只能接触到少部分的汉语句式，难以全面掌握汉语的特点和难点。

（5）在汉英翻译教学实施过程中，单一的教学模式已经成为制约其进步的一个显著障碍。传统的教学模式，以教师为中心，强调标准答案和教师的权威，往往使学生沦为被动的信息接收者。这种模式下，学生的创造性、批判性思维和独立解决问题的能力很难得到锻炼和提高。

三、汉英翻译教学改革的要求

（一）培养学生的文化意识

在跨文化背景下，汉英翻译不仅仅是文字的转换，更是文化的传递。因此，培养学生的文化意识显得尤为重要。学生应该深入了解中西文化的差异、历史背景、社会习俗和价值观。这样，当他们进行翻译时，就能够更好地捕捉原文的文化内涵，确保翻译的准确性。此外，对文化的深入了解还能帮助学生避免因文化差异而造成的误解和冲突，使翻译更具说服力和感染力。

（二）培养学生的批判性思维

翻译不仅是一种技能，还是一种艺术。在翻译过程中，学生需要具备批判性思维，对原文进行深入分析，判断其真实意图和背后的文化含义。这要求学生不仅要翻译文字，还要深入挖掘，发现并解决潜在的问题。批判性思维能够帮助学生更好地理解原文，避免盲目地遵循原文的结构和用词，并根据目标语言的特点进行创造性的转化。

（三）增强学生的跨文化沟通能力

在经济全球化的时代背景下，跨文化沟通的重要性日益凸显。汉英翻译教学应该注重培养学生的跨文化沟通能力，使他们能够在不同文化背景下都能进行有效沟通。这不仅仅是语言的交流，更是文化、情感和价值观的交流。学生应该学会如何在翻译中保留原文的文化特色，同时确保目标语言读者能够理解和接受。

（四）增强学生的文化传播能力

文化交流已成为国际合作与交往的核心。增强学生的文化传播能力，尤其是在汉英翻译领域，不仅是单纯的语言教学改革，还是对整个教育理念的升级。文化传播不仅涉及语言的交流，还涉及对文化背景、习俗、信仰和价值观的深度解读。只有真正理解一种文化，才能在翻译中做到真实、准确、生动。提高文化传播能力可以使学生更好地适应国际化的环境，培养其国际视野，使其在日后的事业和人生道路上拥有更多机会和选择。除了社会和职业需求，拥有出色的文化传播能力也能使学生在个人成长和心灵修养上获得更多收获。他们可以更加自信地与不同文化背景的人交流，更好地实现自我价值。

四、汉英翻译教学改革的策略

（一）创新教学模式

1. 线上线下混合教学

利用互联网技术，人们可以实现线上与线下结合的混合教学。传统的课堂教学可以与线上实时或录制的视频教学相结合，打破时间和空间的限制，为学生提供更加灵活的学习方式。例如，教师可以利用Zoom、Tencent Meeting等工具，为学生提供线上的翻译实践课程。

2. 互动式学习平台

在今天的技术背景下，AI和机器学习已被广泛地应用于各个领域，教育领域也在其中。在汉英翻译的教学中，建设互动式学习平台能够为学生带来前所未有的学习体验。这样的平台可以为学生提供即时的汉英翻译练习，这意味着学生在完成翻译后,可以立即获得系统的校正反馈。与传统的等待教师批改的方式相比,这种即时性显著提高了学习的效率。

3. 虚拟现实技术

提到虚拟现实(VR)技术,人们想到的往往是游戏或影视娱乐。然而,这一技术在教育领域的应用潜力同样巨大。特别是在汉英翻译的教学中,虚拟现实技术可以为学生创造一个沉浸式的跨文化环境。学生戴上 VR 眼镜后,可以直接"走入"一个英国小镇或中国古村,亲身"体验"当地的文化、习俗和生活。这种身临其境的体验对培养学生的跨文化交际能力具有不可估量的价值。

(二)丰富教学内容

1. 实时新闻翻译

当今,在国际事件的报道中,翻译也变得日益重要。通过翻译实时新闻的练习,学生不仅可以锻炼自己的语言技能,还能增强对当前时事和文化趋势的敏感性。例如,翻译一则关于中美贸易谈判的新闻时,学生需要了解两国的经济背景、谈判策略及其背后的文化差异。这种即时、实际的翻译材料能促使学生走出教材,开阔视野,真正体验跨文化翻译的复杂性和挑战性。

2. 多媒体资源

在数字化时代,多媒体的发展为翻译教学开拓了广阔的天地。不同于纯文本的新闻报道,视频、音频和图像带有丰富的非语言信息,如音调、表情和背景音乐,这些都为翻译增加了层次和深度。例如,当学生尝试翻译一部电影时,他们不仅需要准确传达对话的意思,还需要捕捉角色的情感、背景音乐的暗示以及场景的文化内涵等信息。

（三）开展理论与实践相结合的教学

1. 在线翻译工作坊

在线翻译工作坊为学生提供了与实际翻译从业者直接交流的平台。这种互动不仅为学生展示了真实的翻译场景，还可以使他们了解翻译行业的最新动态和要求。通过这种线上交流，学生可以提问，分享自己的困惑，并得到资深译者的解答和指导。此外，这种互动形式还能帮助学生建立起对行业的了解和业内的人际网络，为未来的就业或实习奠定基础。

2. 模拟翻译项目

模拟的翻译项目可以将学生置于真实的工作场景中，挑战他们的综合能力。不同于传统的课堂练习，这种项目需要学生考虑文化、背景、受众等多方面的因素，使翻译更加贴近实际需求。例如，翻译一份企业报告可能需要学生深入研究该企业的背景、行业发展和目标市场。

3. 互联网上的实际翻译任务

与外部机构或企业合作可以为学生提供的真实在线翻译任务和难得的实践机会。这不仅是对学生翻译技能水平的实际检验，还可以帮助他们了解客户的真实需求和期望。完成这样的任务需要学生在短时间内高效、准确地完成翻译，同时确保其符合客户的文化和语境要求。这也是学生与真实客户交往，获取反馈，修正错误的好机会，有助于让他们在未来步入职场时更加自信和从容。

参考文献

[1] 陈静，高文梅，陈昕.跨文化交际与翻译[M].成都：电子科技大学出版社，2017.

[2] 包惠南，包昂.中国文化与汉英翻译[M].北京：外文出版社，2004.

[3] 李攀攀.跨文化交际与翻译理论研究[M].长春：吉林大学出版社，2019.

[4] 夏康明，代礼胜.汉译英理论与实践跨文化视角下的汉英翻译研究[M].成都：四川大学出版社，2013.

[5] 邱敏.跨文化传播视阈下的应用翻译研究[M].杭州：浙江工商大学出版社，2020.

[6] 刘法公.隐喻汉英翻译原则研究[M].北京：国防工业出版社，2008.

[7] 吕和发，蒋璐，王同军，等.应用翻译理论与教学文库：公示语汉英翻译错误分析与规范[M].北京：国防工业出版社，2011.

[8] 周志培.汉英对比与翻译中的转换[M].上海：华东理工大学出版社，2003.

[9] 胡曙中.英汉修辞跨文化研究[M].青岛：青岛出版社，2008.

[10] 黄净.跨文化交际与翻译技能[M].天津：天津大学出版社，2019.

[11] 刘佳丽.翻译本体论衍生的西方译学探析[J].厦门广播电视大学学报，2015，18（3）：72-78.

[12] 武梦娇.西方翻译流派对忠实观的解读（英文）[J].海外英语，2014（8）：164-166.

[13] 闫怡恂，葛浩文.文学翻译：过程与标准：葛浩文访谈录[J].当代作家评论，2014（1）：193-203.

[14] 姜燕. 当代西方翻译流派与理论范式研究 [J]. 兰州学刊，2013（10）：218-220.

[15] 姚俏梅. 唐宋词中西翻译流派英译比较研究 [J]. 蚌埠学院学报，2013，2（4）：79-82.

[16] 刁阳碧. 中西翻译理论对话浅议 [J]. 文学界（理论版），2012（3）：75-76.

[17] 陈杰平. 中国茶文化的英语翻译技巧策略分析 [J]. 福建茶叶，2023，45（9）：148-150.

[18] 金琳. 中华优秀传统文化融入大学英语翻译教学的路径研究 [J]. 赤峰学院学报（汉文哲学社会科学版），2023，44（8）：90-93.

[19] 杨丹. 跨文化视角下文化负载词翻译教学探索与优化 [J]. 高教学刊，2022，8（33）：106-109.

[20] 胡晓华. 文化负载词的翻译策略及方法 [J]. 汉字文化，2022（22）：144-146.

[21] 徐晨琳. 茶文化视角下的中韩外宣翻译探析 [J]. 福建茶叶，2022，44（11）：123-125.

[22] 张潆洁，任文. 翻译与文化：从文化间性到转文化性 [J]. 社会科学研究，2022（6）：181-189.

[23] 董雁，姜秋勇. "一带一路"背景下中国民俗文化的翻译与对外传播 [J]. 全媒体探索，2022（10）：11-15.

[24] 张瑞娥. 文化记忆视角下名儒家训的可译性嬗变与语内翻译传承探索 [J]. 池州学院学报，2022，36（5）：46-49.

[25] 刘淑奇. 文化背景知识在英汉翻译中的重要性分析 [J]. 汉字文化，2022（20）：158-160.

[26] 王莉莉，苗凤波. 巴斯内特文化翻译观下许渊冲《枫桥夜泊》英译研究 [J]. 海外英语，2022（20）：62-63.

[27] 段平. 基于中西饮食文化差异的英语翻译策略探讨：评《中西饮食文化比较》[J]. 食品安全质量检测学报，2022，13（20）：6793-6794.

[28] 拉目草. 新闻翻译对藏汉文化交融的作用 [J]. 采写编，2022（10）：169-171.

[29] 吴丽. 中国文化"走出去"战略背景下英汉翻译教材建设研究[J]. 湖南工业职业技术学院学报, 2022, 22(5): 82-85, 89.

[30] 欧飞兵. 陶瓷文化术语对外传播及翻译标准化[J]. 景德镇学院学报, 2022, 37(5): 114-118.

[31] 郭佳莹. 文学作品翻译中文化差异的影响与翻译方法分析[J]. 西部学刊, 2022(18): 169-172.

[32] 郝俊雯. 文化差异下的英美文学作品翻译研究[J]. 江西电力职业技术学院学报, 2022, 35(9): 151-153.

[33] 游灼梅. 文化翻译视域下《京华烟云》中文化负载词英译策略[J]. 赤峰学院学报(汉文哲学社会科学版), 2022, 43(9): 33-36.

[34] 徐志伟, 邓景茹. 目的论视域下民俗文化翻译策略研究[J]. 文化创新比较研究, 2022, 6(27): 50-53.

[35] 郭融融. 影视片名翻译中文化意象的重构[J]. 文化学刊, 2022(9): 208-211.

[36] 王成现. 基于实践的科技文体汉译英技巧与译者素质分析[J]. 智库时代, 2019(45): 230-231.

[37] 解璐. 商务陪同翻译特点及译者素质要求：以食品工厂认证翻译为例[J]. 山东农业工程学院学报, 2019, 36(6): 180-181.

[38] 匡颖. 浅谈外宣翻译中译者素质要求与培养[J]. 教育现代化, 2016, 3(31): 9-10.

[39] 谢亚卓, 秦学锋. 翻译标准及译者素质[J]. 湖北函授大学学报, 2015, 28(13): 167-168.

[40] 李雪梅. 外宣翻译译者素质研究[J]. 科技经济市场, 2014(10): 133.

[41] 刘妍序. 基于信、达、雅下的译者素质思考[J]. 英语广场(学术研究), 2013(10): 13-15.

[42] 李雪梅. 关联理论视角下商务英语译者素质研究[J]. 中国商贸, 2012(36): 145, 147.

[43] 王发德. 新世纪翻译教学中译者素质的培养[J]. 黑龙江教育学院学报, 2011, 30(5): 138-140.

[44] 刘彤，凌征华.论公示语英译的译者素质：以赣州为例[J].江西理工大学学报，2011，32（2）：67-69.

[45] 张莉.读许渊冲译作浅谈译者素质[J].科技信息，2010（8）：569，572.

[46] 刘友全，卓涌.常州景区公示语汉英翻译研究[J].湖北开放职业学院学报，2019，32（1）：172-173.

[47] 杜杨.目的论视角下的铸造资料的汉英翻译研究[J].特种铸造及有色合金，2022，42（1）：137-138.

[48] 王雪清.汉英翻译课堂教学中中国传统文化融入研究[J].校园英语，2021(3)：26-27.

[49] 赵礼粉.汉英翻译中语言的不对等与文化研究[J].青年文学家，2020（33）：171-172.

[50] 罗飞.基于机器学习的汉英翻译自动校准方法研究[J].自动化与仪器仪表，2020（8）：146-149.